ANJA FÖRSTER
PETER KREUZ

MACHT, WAS IHR LIEBT!

66 ½ Anstiftungen das zu tun,
was im Leben wirklich zählt

Pantheon

Bildnachweis: iStockphoto, Calgary/ArtisticCaptures: 12; iStockphoto, Calgary/oseASReyes: 56; iStockphoto, Calgary/wragg: 94; iStockphoto, Calgary/Andrew Rich: 132; iStockphoto, Calgary/CactuSoup: 170

Die Texte dieses Buches sind erstmals als Kolumnen im »Backstage-Report« der beiden Autoren erschienen und entstanden in den Jahren 2008 bis 2012.

Verlagsgruppe Random House FSC® N001967
Das für dieses Buch verwendete FSC®-zertifizierte Papier
Lux Cream liefert Stora Enso, Finnland.

Der Pantheon Verlag ist ein Unternehmen der
Verlagsgruppe Random House GmbH

Zweite Auflage
Pantheon-Ausgabe 2015

Umschlaggestaltung: Büro Jorge Schmidt, München
Satz: Ditta Ahmadi, Berlin
Druck und Bindung: CPI books GmbH, Leck
Printed in Germany
ISBN 978-3-570-55265-0

www.pantheon-verlag.de

INHALT

VORWORT

»Ich habe keine besondere Begabung.
Ich bin nur leidenschaftlich neugierig.«
ALBERT EINSTEIN

»Lotto-Fieber! Dieses Wochenende sechs Millionen im Jackpot!« Als wir dieses Plakat kürzlich vor einer Lotto-stelle sahen, hatte es bei uns genau den Effekt, den es haben sollte: Wir überlegten einen klitzekleinen Moment lang – und nur zu drei Vierteln im Spaß –, ob wir nicht doch einen Lottoschein ausfüllen sollten. Obwohl wir noch nie im Leben Lotto gespielt hatten.

Die Vorstellung, den Jackpot zu knacken, war spürbar reizvoll!

Allerdings nur ganz kurz. Dann sahen wir uns an, schüttelten den Kopf und lachten. Warum Glücksspiel für uns keine Option ist? Ganz einfach deshalb, weil wir im Großen und Ganzen bereits das Leben leben, das wir uns wünschen. Das heißt nicht, dass wir schon »alles erreicht«, es »geschafft« hätten oder in irgendeiner Hinsicht »am Ziel« wären. Und wir bezweifeln, ob das überhaupt jemals der Fall sein wird. Aber eines ist sicher: Kein Jackpot der Welt, keine unverhoffte Erbschaft von der verschollen ge-glaubten Tante aus Amerika, keine zufällig ausgeleerte Baggerschaufel voll Geld in unserem Garten würde uns unseren Zielen auch nur eine Handbreit näher bringen!

Unser Leben ist kein Zufallsprodukt und wird auch nie eines sein. Und unverdientes Geld ist generell keine Voraussetzung, um glücklich zu sein. Weder für uns, noch für Sie. Wir bezweifeln ernsthaft, dass sich Ihr Leben in der Tiefe verbessern würde, wenn Sie plötzlich aus heiterem Himmel einen siebenstelligen Kontostand hätten. Die Alternative ist weniger zufällig und sicherlich anstrengender. Aber auch unendlich reicher, schöner und voller Freude:

`Machen Sie, was Sie lieben!`

Das Anstrengende daran ist der Punkt, an dem Sie beschließen, aufzustehen und zu einhundert Prozent Verantwortung für Ihr Leben zu übernehmen. Albert Camus hat gesagt: »Der Mensch ist nichts an sich. Er ist nur eine grenzenlose Chance. Aber er ist der grenzenlos Verantwortliche für diese Chance.«

Ihre Chance zu nutzen – niemand hat Ihnen beigebracht, wie das geht. Und es gibt keine Gebrauchsanweisung, keine Geld-zurück-Garantie und keine Do-it-yourself-Bauanleitung in sieben Schritten für Ihr Leben. Das Einzige, was Sie leiten kann, ist die Stimme Ihres Herzens und der Kompass Ihrer Neugier.

Das Schöne daran: Kein Zufall kann Ihnen einen Strich durch die Rechnung machen! Sie sind Lottofee und Gewinner zugleich! Dazu müssen Sie in keine Glaskugel schauen, sondern in Ihr Innerstes: Was will ich wirklich, was macht mich lebendig, was bringt das Funkeln in meine Augen? Das höchste Ziel in Ihrem Leben ist zu sein, wer Sie sind, und zu werden, wozu Sie fähig sind. Unterhalb von diesem Eichstrich sollte der Füllstand Ihres Lebenskrugs nicht stehen – das ist unsere tiefste Überzeugung!

Mit diesem Buch laden wir Sie ein:

Lassen Sie sich von unseren 66 ½ Ideen anstiften, das zu tun, was für Sie wirklich zählt!

Übrigens: Eine halbe Anstiftung haben Sie jetzt bereits intus. Wir wünschen Ihnen viel Freude, Impulse und Inspiration bei den restlichen 66 …

SEID
AUSSER-
GEWÖHNLICH!

FINDEN STATT SUCHEN

Das Musée Picasso ist für uns eines der faszinierendsten Museen in Paris. Die blaue Phase, die rosa Phase, die Tuschezeichnungen, die kubistischen Kompositionen: 400 Werke schicken den Besucher auf eine Reise durch alle Schaffensphasen des Künstlers. An dieser Farb- und Formenvielfalt können wir uns einfach nicht satt sehen und schauen jedes Mal vorbei, wenn wir in Paris etwas Zeit übrig haben.

Unser Tipp, wenn Sie mal da sind: Nehmen Sie sich Zeit für die Exponate am Rande und in den kleineren Räumen. Was von weitem unspektakulär wirkt, eröffnet eine ganz neue Welt. Picasso war nicht nur Maler und Bildhauer, er machte auch Buchillustrationen, Gebrauchsgrafiken, Bühnenbilder. Ja, er schrieb sogar Gedichte und Bühnenstücke.

Diese schöpferische Bandbreite beeindruckt uns tief. Und wir fragen uns: Wie kann jemand so ein Multitalent sein? Wie gelingt es einem Menschen, so produktiv und dabei so gut zu sein?

Die Antwort muss man nicht lange suchen. In Picassos Aufzeichnungen steht der Satz:

»Ich suche nicht, ich finde.«

Aha. Okay.

Nein, Moment. Was will er denn damit sagen? Dass man ein Genie sein muss, um so ein Gesamtwerk zu vollbringen? Dass er einfach mit dem Glück gesegnet war, in allem, was er angepackt hat, erfolgreich zu sein? Dass er im Gegensatz zu den anderen schlicht den Bogen raus hatte? Ganz ohne Anstrengung? Ganz schön hochnäsig!

Aber nein, das kann es nicht sein. Wer den Satz so liest, der versteht ihn grundlegend falsch.

Was Picasso meint, ist den offenen Blick des Findenden beim Suchen, im Gegensatz zur eingeschränkten Sicht des Ewig-Suchenden.

Machen wir es konkret. Egal, ob es um den perfekten Job, den idealen Partner, die nächste Wohnung oder den passenden Mitarbeiter geht. Das größte Problem bei der Suche ist: Wir wissen viel zu genau, was wir suchen. Wir haben ein festes Bild vom Ergebnis im Kopf und tun uns deshalb oftmals so schwer beim Finden des realen Äquivalents.

Aber auch das andere Extrem ist häufig anzutreffen: Menschen, die offen für alles sind, aber eben auch völlig ohne Meinung und ohne Plan. Wer so sucht, ohne auch nur die leiseste Idee zu haben, was zum perfekten Job, zum idealen Partner oder zum für mich bestmöglichen Leben dazugehört, der kann nur ein Ziel haben: niemals zum Ziel zu kommen.

Was Picasso also mit dem »Finden« meint, ist kein Warten oder Hoffen, dass das Schicksal es schon richten wird. Das Letzte, was Picasso in den Sinn gekommen wäre: auf den Kuss der Muse zu warten. Stattdessen verbrachte er Tage und Nächte damit, Entwürfe zu machen und wieder zu verwerfen. Wer seine Biografie kennt, weiß, wie viele verbrannte Skizzen ihn ein einziges Gemälde gekostet haben.

Auch Picasso hat also gesucht. Aber eben auf seine Art. Er hat so lange gezeichnet und gemalt, bis er auf die eine Linie, die eine Farbe oder den einen Effekt gestoßen war, der ihn verblüffte – weil er ihn sich zuvor gar nicht vorstellen konnte. Seine Suche war achtsam, aber gleichzeitig absichtslos. Zielgerichtet, aber gleichzeitig ergebnisoffen. Denn was gefunden wird, ist unbekannt. Wie ein glücklicher Zufall, bloß dass es nicht wirklich Zufall ist.

Was Picasso mit seiner Haltung des Findenden statt Suchenden meint, ist im Kern die Idee der SERENDIPITY. Also die Fähigkeit, eine Entdeckung zu machen, obwohl sie gerade gar nicht gesucht wurde. So wie die Post-its. Ursprünglich wollte Spencer Silver für 3M einen Super-Kleber entwickeln, der stärker sein sollte als alle bisher bekannten Klebstoffe. Nachdem sein Kleber sich aber wieder ablöste und das eigentliche Vorhaben gescheitert war, kam ein Kollege auf die Idee, die Lesezeichen, die bei den Chorproben ständig aus seinem Notenheft herausfielen, mit diesem besonderen Klebstoff zu befestigen. Das war die Geburtsstunde der Post-its.

Und genau das meinte Picasso: Die wahren Entdeckungen kommen überraschend. Man kann sie nicht erzwingen oder beeinflussen. Aber man kann sich doch auf sie vorbereiten: Nur ein wacher Geist wird sie finden.

GROWTH MINDSET
ODER FIXED MINDSET
Auf welcher Seite wollen
Sie stehen?

Eine ganze Reihe mutiger und hellwacher Unternehmer hatte präsentiert. Toller Kongress! Worum es ging? Um Strategien für das digitale Zeitalter. Um kluge Ideen, interessante Versuche, mutige Strategien, unvermeidliche Fehlschläge und wichtige Erfahrungen in einer sich wandelnden Welt der Wirtschaft. Natürlich hatte niemand fertige Antworten auf die großen Fragen der Zukunft. Aber trotzdem, es war die reine Freude: so viele frische Ideen, Cleverness, Mut, Begeisterung, Experimentierfreude, Versuch und Irrtum, Inspiration, Optimismus und Tatendrang – um Unternehmer mit einer solchen Denkhaltung ist uns nicht bange!

Dann kam das Schwergewicht der Veranstaltung ans Mikro – und walzte die Stimmung innerhalb von zwei Minuten platt. Der Vorstand des Konzerns, der für seine Online-Strategie das meiste Geld von allen Teilnehmern zur Verfügung hatte und über die meiste Manpower verfügte. Er sagte nur ein, zwei Sätze und die Raumtemperatur sank innerhalb von Sekunden um gefühlte zehn Grad.

»Meine sehr geehrten Damen und Herren, auch wir müssen darauf reagieren, dass leider immer mehr Kunden die bewährten Vertriebswege meiden und online einkaufen ...«

Was folgte, waren: Lamento, Sorgen, Zukunftsangst, Ratlosigkeit, Schuldzuweisung, Verlustangst … Der Mann hatte das Talent, seine Sorgenfalten mit einem klagenden Tonfall zu verbinden und die Bedrohungsszenarien durch das Internet so auszumalen, dass daraus eine fulminante Trauerrede wurde.

Was für ein Wahnsinn! Was uns auf diesem Kongress überdeutlich vor Augen geführt wurde: Es gibt Menschen, die packen die heißen Eisen an. Von Fehltritten, Rückschlägen und Umwegen lassen sie sich ebensowenig aufhalten wie von der anfänglichen Unsicherheit. Für sie steht fest:

> Fortschritt und persönliches Wachstum entstehen durch das eigene Handeln.

Sie sind der Überzeugung, dass genug für alle da ist, solange wir aktiv sind und die Zukunft bauen. Diese Menschen haben eine Denkhaltung, die man als »Growth Mindset« bezeichnet. Mit anderen Worten: Fülledenken.

Ganz anders denken Menschen wie der Trauerredner: Fixed Mindset. Jede Veränderung wird als Bedrohung wahrgenommen. Der Status Quo muss verteidigt, der Mangel verwaltet und die begrenzten Güter müssen verteilt werden. Mangeldenken.

Growth Mindset versus Fixed Mindset.

FÜLLEDENKEN versus MANGELDENKEN.

Quer durch alle Branchen haben zu viele Menschen einen Fixed Mindset und zu wenige einen Growth Mindset. Um das zu sehen, muss man kein Analyst sein. Es genügt, in Unternehmen herumzukommen und sich mit den Leuten zu unterhalten. Wir müssen nur unserem Publikum zuhören, das uns fast täglich vom Kampf gegen die Abwehrschlachten der Bewahrer berichtet.

Mit einem Fixed Mindset bremsen wir den Fortschritt aus und vergeben unsere Chancen. Aber gleichzeitig ist es auch völlig normal, dass das Fülledenken in der Minderheit ist. Das ist überall auf der Welt so. Es sind immer nur wenige, die die Dinge vorantreiben. Und klar ist auch: Nicht alle Menschen brauchen einen Growth Mindset. Es muss nicht einmal die Hälfte der Gesellschaft aus der Fülle heraus denken. Um wichtige Dinge voranzutreiben, genügt eine kritische Masse. Wenn nur jeder Zehnte den Growth Mindset hätte, dann würde das genügen, um unsere Organisationen radikal zu erneuern und die Gesellschaft zu verändern. Zehn Prozent!

Unsere Frage ist: Wie schaffen wir es, dass zumindest jeder Zehnte begreift, dass wir keine Opfer der Umstände sind, sondern die Welt gestalten können?

Growth Mindset oder Fixed Mindset?

FÜLLE oder MANGEL?

Wir haben die Wahl!

SOZIALE HOMOPHILIE
Warum es sich lohnt, ab und zu
etwas ANDERES zu tun

Mia san mia!
Wir neigen dazu, uns mit Menschen zu umgeben, die uns ähnlich sind. Das gilt beispielsweise für Deutschlands größten Sportverein, den FC Bayern München, in dessen Profimannschaft nur Spieler glücklich werden, die das berühmte »Bayern-Gen« haben (was immer das ist!), ganz unabhängig von ihrer fußballerischen Qualität. Es gilt auch für das Umfeld eines Menschen, der von seinen Freunden und Bekannten erwartet, dass sie so bodenständig leben und konservativ denken wie er. Und es gilt für den Chef, der nur Mitarbeiter einstellt, die ungefähr so ordentlich, systematisch und extrovertiert sind wie er.

In der Forschung wird diese Neigung als »soziale Homophilie« bezeichnet, ein Phänomen nach dem Prinzip »Gleich und Gleich gesellt sich gern«. Das Ganze ist so normal wie problematisch. Denn erstens ist uns dieser gleichmacherische Einfluss auf unser Umfeld meistens nicht bewusst. Und zweitens führt er zu Ignoranz und Scheuklappendenken. Selbst wer sich als aufgeschlossen bezeichnet, neigt in der Regel dazu, sich mit Leuten zu umgeben, die auf ähnliche Weise ticken und sich für dieselben Dinge interessieren wie er selbst. Und dann hauen sich alle diese ähnlichen Typen gegenseitig auf die Schulter und bestätigen sich, wie weltoffen und tolerant sie sind.

Von der nachwachsenden, internetaffinen und global-denkenden Generation sollte man annehmen dürfen, dass sie in dieser Hinsicht ein gutes Stück weiter ist. Das Internet und insbesondere die sozialen Netzwerke sorgen für weltumspannende und kulturübergreifende Kontakte mit der ganzen bunten, vielfältigen Welt – sollte man meinen. Aber das stimmt womöglich gar nicht! Gerade das Internet verstärkt die soziale Homophilie durch das so genannte »kollaborative Filtern«.

Sie kennen das: Wenn Sie bei Amazon ein Buch kaufen, schlägt das System Ihnen sofort andere Bücher vor, die Ihren Präferenzen entsprechen und die von anderen Käufern, die das gleiche Buch wie Sie erworben haben, gekauft wurden. Oder wenn Sie bei Spotify oder Last.fm einen Musiktitel hören, dann schlägt das System Ihnen anschließend ähnliche Musik vor, die Leute mit einem vergleichbaren Geschmack gehört haben. Auf diese Weise können wir uns gerade im Web problemlos und bequem in unserem eigenen Feedback-Kreislauf bewegen und uns von allem abschotten, was ANDERS ist.

Was wir eigentlich bräuchten, wären Angebote, die uns helfen, unsere Komfortzone zu erweitern, anstatt sie immer weiter zu verengen.

»Probieren Sie mal dieses Buch – es ist das meistverkaufte von allen Büchern, die noch kein einziger Kunde gekauft hat, der auch das Buch gekauft hat, das Sie gekauft haben ...«

Letztendlich brauchen wir gar keine Technik dazu. Wir sollten uns nur klarmachen, was da passiert. Und immer mal wieder gezielt aus unseren Gewohnheiten ausbrechen. Nicht ständig – das schafft kein Mensch! Aber ab und zu sollte man die Fenster öffnen.

So wie Peters Kollege aus Wiener Wirtschaftsuni-Zeiten: Er plant seine Mittagessen strategisch, anstatt immer wieder mit den gleichen Leuten am Tisch zu sitzen. Er ruft interessante Leute an und fragt sie, ob sie nicht Lust haben, mit ihm Mittag zu essen. Eine seiner ersten Fragen während des Essens ist dann immer: »Wer ist eigentlich der interessanteste Mensch, den du in den letzten Monaten kennengelernt hast – und wie kann ich den kennen lernen?«

Und so füllt er Woche für Woche sein Leben mit neuen, spannenden Kontakten. Er praktiziert gezielt »soziale Heterophilie« ... *Genial!*

WARUM »I WILL TRY TO CLIMB AYERS ROCK« AUF KEINEM T-SHIRT STEHT

Am 1. Mai 2007 beschloss Mike Winkelmann, ab sofort jeden Tag ein Kunstprojekt abzuschließen. Jeden Tag. Winkelmann heißt mit Künstlernamen Beeple, er produziert Grafiken, Zeichnungen, Fotomontagen und Videos. Seit seinem Entschluss sind mittlerweile über 2600 Tage vergangen. Wie viele Projekte wären fertig, wenn Sie sich das vorgenommen hätten?

Beeple hat es sich erst gar nicht vorgenommen. Er hat es einfach entschieden und dann getan. Und seitdem keinen einzigen Tag ausgelassen: Über 2600 Kunstwerke sind entstanden. Beeple nennt sie »Everydays«. Manche davon sind weniger gelungen, andere sind wow! Bei dem einen oder anderen Kunstwerk fragen wir uns, wie er das nur in einem Tag geschafft haben kann, bei anderen denken wir: Na ja, jeder kann mal einen schlechten Tag haben. Aber darum geht es gar nicht! Die Qualität der einzelnen Werke ist nicht das, was uns beeindruckt. Bemerkenswert sind die Gesamtidee und die Haltung, die dahinter steckt. »A project like this is about the process«, sagt er.

Die Botschaft, die wir daraus ziehen, steckt in der Antwort auf die Frage:

```
»Wozu beginne ich überhaupt etwas?«
Die Antwort: »Um es zu beenden!«
```

Alles, was wir tun, alles, was wir jemals begonnen haben, haben wir deshalb angefangen, weil wir es zu Ende bringen wollten. Und wenn wir uns auf das Ende, auf den Abschluss konzentrieren, dann werden wir vielleicht nicht den Anspruch der Perfektion und der Makellosigkeit erfüllen. Aber wir werden LIEFERN, wir werden ins Ziel kommen, wir werden etwas schaffen. Am Anfang schon das Ende im Sinn haben, diesen Impuls nehmen wir mit und danken Beeple dafür!

Dieser Impuls wäre allerdings nicht so wichtig, wie er ist, wenn nicht viel zu viele Menschen unter zwei großen Ängsten leiden würden: der Angst vor dem Anfang und der Angst vor dem Ende.

Wer Angst vor dem Anfang hat, schiebt die Dinge vor sich her: das Buch, das man schreiben wollte, den Marathon, den man immer mal laufen wollte, die Geschäftsidee ... Die Menschen schieben auf, sitzen aus, verwirklichen ihre Wünsche und Träume nicht, scheuen die Entscheidungen, die das mit sich bringt – denn »Ja!« zu etwas zu sagen, bedeutet immer, »Nein!« zu etwas anderem zu sagen. Und das ist der Schmerz, der jedem Anfang innewohnt. Beeple lehrt uns, diesen Schmerz immer wieder aufs Neue in Kauf zu nehmen.

Wer Angst vor dem Ende hat, der scheut die Kritik, den Fehlschlag, die Blöße, die er sich geben könnte. Alles muss perfekt sein, denn es gelten nur die allerhöchsten Qualitätsmaßstäbe! Was für eine herrliche Ausrede ... Beeple lehrt uns, mutig zu sein. Er lehrt uns, trotz des Tatbestands der groben Unvollkommenheit zu unseren Werken zu stehen. Sie im Angesicht aller Schwächen TROTZDEM abzuliefern.

Er macht es TÄGLICH.

Etwas abzuliefern, diese Fähigkeit kann man trainieren wie einen Muskel. Egal, ob es sich um ein großes Werk oder ein kleines »Everyday« handelt: Fertigmachen ist eine gute Angewohnheit – sie hilft uns nicht nur, unsere Ängste zu überwinden, sondern auch dabei, alles, außer gewöhnlich zu sein.

Auf dieser Welt ist durch Ankündigungen und Absichtserklärungen noch niemals irgendetwas entstanden. »You can't build a reputation on what you're going to do«, wie Henry Ford sagte. Und es gibt auch kein T-Shirt, auf dem steht: »I will try to climb Ayers Rock.«

Trotzdem ist offenbar die Fähigkeit, ohne großen Wirbel, ohne Not, ohne Angst liefern zu können, eher selten.

SEI EIN SELTENER VOGEL
Von der Schwierigkeit,
sein Ding zu machen

Iris Apfel ist ein lebendes Kunstwerk. Das Markenzeichen der ehemaligen Innenarchitektin: überdimensionierte Plastikbrille, schillernde Outfits und eine Armada von Halsketten und Armreifen. Ihre eigene Schmuckkollektion kombiniert sie so stilsicher wie unkonventionell mit federbesetzten Mänteln, Hochzeitsgewändern vom anderen Ende der Welt, High-End-Edelteilen und Fundstücken aus dem Second-Hand-Laden. Dabei erzeugt sie derart legendäre Looks, dass ihr die Modeabteilung des Metropolitan Museum of Art in New York im Jahr 2005 eine eigene Ausstellung widmete.

Bis heute weigert sich die über 90-jährige Stilikone, sich dem Kleidungsstil ihrer Altersgenossen anzupassen: »Wenn den Leuten nicht gefällt, was ich trage, ist es wohl deren Problem und nicht meins.« Die Freiheit, sich auszudrücken, ist und bleibt für sie das Wichtigste im Leben.

Wir finden Iris Apfels Freigeistigkeit einfach begeisternd! Ansteckend. Stark. Und jedes Mal, wenn wir ein Foto von ihr sehen, zaubert es uns ein Lächeln ins Gesicht. Nicht nur, weil sie in ihrem Alter noch immer so verrückt ist wie eine Zwanzigjährige. Sondern weil sie auf so sympathische und einnehmende Art konsequent ihr Ding durchzieht. Aber wir sind auch voller Hochachtung. Seine eigene, unverwechselbare Handschrift zu entwickeln ist nämlich gar nicht so einfach.

27

»Dein eigenes Ding zu machen ist
super. Vorausgesetzt, du hast überhaupt ein Ding!«

Das sagt die so souveräne wie mädchenhafte Iris Apfel.
Und weiter: »Man muss sich selbst studieren und herausfinden, was einem gefällt und was nicht … Das bedeutet
harte Arbeit. Aber wenn man es nicht macht, wird man
immer nur den Stil von jemand anderem kopieren und nie
seinen eigenen finden.«

Das ist der Punkt! Seinen eigenen Weg zu gehen ist eine
Lebensweisheit, die den Wohlmeinenden sehr schnell über
die Lippen geht.

Aber finden Sie erstmal Ihren eigenen Weg! Das geht
nicht von heute auf morgen. Und wer weiß, wohin Sie
diese Suche führt?

Als es Iris Apfel bei einem ihrer Frankreichaufenthalte
irgendwie nach Nordafrika zog, wusste sie anfangs gar
nicht, was das soll. Es war nur so ein Gefühl. Sie ist dann
aber ihrem Herzen gefolgt – und die Reise übers Mittel-
meer hat ihr Leben verändert. Kaum war sie zurück in den
USA, startete sie ihr neues Business: Zusammen mit ihrem
Mann ließ sie die afrikanischen Stoffe aus dem 18. und
19. Jahrhundert, die sie gefunden und die sie so sehr fasziniert hatten, nachweben. Und diese Stoffe verarbeitete
sie zu einer einzigartigen Mode und zu einem grandiosen
Innenraum-Design. Sie kleidete in den folgenden Jahrzehnten Persönlichkeiten ein wie Greta Garbo und Estée
Lauder, sie gestaltete die Räume von amerikanischen
Präsidenten und anderen berühmten und einflussrei-
chen Menschen und übte damit selbst enormen Einfluss
aus.

Der Grundstein für ihren Erfolg: Sie hatte damals in Frankreich den Weg zu sich selbst eingeschlagen. Das war das Fundament für ihr erfülltes und reiches Leben!

Auch für IHR Leben gilt: Bleiben Sie bei sich! Studieren Sie sich und Ihr Leben! Drücken Sie aus, was Sie finden! Und das ein ganzes Leben lang.

Um mit Iris Apfel zu sprechen: »Du hast nur eine Reise. Also solltest du sie nutzen. Sei ein seltener Vogel!«

PHILIPPE PETIT: »UNMÖGLICH? JA! ALSO LASS UNS AN DIE ARBEIT GEHEN.«

Machen oder sein lassen? Das ist die Frage.

Sie haben eine richtig coole Idee. Eine, auf die Sie so viel Lust haben, dass Sie, um sie anzugehen, morgens um fünf aus dem Bett springen würden. Ohne Wecker. Aber leider, leider ist diese Idee sowas von verrückt und unrealistisch und nur mit einer guten Portion Glück und Nachhilfe vom Zufall machbar, dass Ihnen gleich wieder die Lust vergeht. Ach neee ... wie soll das überhaupt gehen?

Also nochmal: Machen oder sein lassen?

Je mehr Hürden Ihrer verrückten Idee im Weg stehen, desto leichter fällt die Antwort. Jeder vernünftige Mensch wird ein Vorhaben, das sich als nur schwer realisierbar oder sogar als nahezu unmöglich darstellt, sein lassen und sich anderen Dingen zuwenden. Dingen, die mehr Erfolg versprechen. Nein: Dingen, die überhaupt eine Aussicht auf Erfolg haben. Das ist das einzig Vernünftige. Das einzig Folgerichtige. Das einzig ... Falsche!

Wieso? Da lassen wir lieber den erstaunlichen französischen Performancekünstler Philippe Petit sprechen. Petit ist dieser verrückte Artist, der am 7. August 1974 den spektakulären Drahtseilakt zwischen den beiden Türmen des World Trade Centers vollführte. Ein extrem risikoreiches Vorhaben und darüber hinaus illegal. Aber ein Vorhaben, das ihn bis zu seiner Realisierung einfach nicht losließ. Sechs Jahre lang plante er akribisch, organisierte sich Helfer und zog die Sache trotz aller Zweifel und Bedenken durch. Auch wenn er kurz ins Gefängnis musste, war sein Projekt ein voller Erfolg: Sein Traum war in Erfüllung gegangen.

Noch interessanter als das Ergebnis finden wir aber den Weg dorthin: Wie ist Petit überhaupt auf diese Idee gekommen? Während er sich im Wartezimmer seines Zahnarztes die Langeweile mit einer Zeitung vertrieb, stieß er auf einen Artikel über den Baufortschritt des World Trade Centers. Sofort hatte er ein Bild vor Augen: »Ein Drahtseilakt zwischen diesen Türmen – das wäre der Traum«, dachte er.

»*Vergiss es, das ist unmöglich*«, meldete sich gleich die Stimme der Vernunft in seinem Kopf. Als er eine Stunde später die Praxis verließ, sagte er zu sich: »Unmöglich? Ja! Also lass uns an die Arbeit gehen.«

Wir finden diesen Satz enorm inspirierend. Denn dahinter steht eine Haltung, von der jeder profitieren kann – und die auch jeder einnehmen kann, selbst wenn Sie mit Drahtseilakten nichts am Hut haben.

In der Menschheitsgeschichte war schon vieles unmöglich – bis es eines Tages doch jemand möglich gemacht hat.

Ob wir vermeintlich Unmögliches ermöglichen oder nicht, ist oft weniger eine Frage des Realismus, sondern eine Frage der inneren Einstellung. Wollen wir im Leben auf das zugehen, was wir uns wünschen? Oder laufen wir weg vor den Dingen, die uns Angst machen?

Oder anders: Zugehen auf das, wovor du Angst hast – das war Petits Geheimnis.

Wer das macht, kann Bedeutendes schaffen. Und wir sprechen hier nicht nur von der Angst, die man spürt, wenn man von einem 417 Meter hohen Wolkenkratzer auf die Straßen unter einem schaut. Wir sprechen von viel alltäglicheren Ängsten. Zum Beispiel, wenn Sie in einer Sitzung sind und zweifeln, ob die Strategie, die Ihr Chef gerade vorstellt und an der er tagelang gearbeitet hat, wirklich gut ist.

Was tun Sie?

Sagen Sie: »*Stopp! Ich glaube mit dieser Strategie fahren wir gegen die Wand*«? Oder denken Sie: »*Ich finde es nicht gut, aber das kann ich ihm nicht sagen! Was ist, wenn er doch recht hat? Oder noch schlimmer: Was ist, wenn ich recht habe? Dann müssten wir die Strategie schon wieder ändern. Ach was, zu kompliziert.*«

So viele Ängste: die Angst, nicht mehr zum Team dazuzugehören. Die Angst, vom Chef als Unruhestifter angesehen zu werden. Die Angst, dass der Einwand gleich widerlegt wird. Die Angst, als Schwätzer bloßgestellt zu werden. Die Angst, aufzufallen. Die Angst, recht zu haben und die Folgen verantworten zu müssen. Na klar, es wäre einfacher, beim Bewährten, Erprobten, Sicheren zu bleiben.

Aber wer das tut, entfernt sich immer mehr von seinem wahren Selbst.

Wer jedoch auf seine Angst aufmerksam und vorsichtig zugeht, hat die Chance, sich weiterzuentwickeln und das Potenzial, das in jedem von uns schlummert, zu nutzen. Deshalb ist unsere Überzeugung: Wenn eine Stimme Ihnen sagt: »Unmöglich!«, dann ist das der beste Hinweis darauf, wachsam zu sein! Hinzuhören! Es ist ein Zeichen, dass Sie möglicherweise gerade über etwas wirklich Bedeutendes nachdenken.

PS: »Man on Wire«, ein Dokumentarfilm von James Marsh aus dem Jahr 2008, ist ein absolut sehenswerter Film über Philippe Petit, der uns immer wieder fesselt.

EXPLOITATION VERSUS EXPLORATION

»Wie können wir etwas tun,
was so noch nie gemacht wurde?«

Dieser Satz elektrisiert uns. Ein so einfacher wie punktge-
nauer Schlüsselsatz, der die Türen zur Zukunft öffnet! Stuart Horney, vom australischen Bauunternehmen Land
Lease, stellt diese Frage bei jedem Projekt, das er startet.
Es ist eine Art Motto, das die Kultur von Land Lease prägt
und Unternehmen ebenso wie Individuen davor bewahrt,
noch während man auf der Erfolgswelle reitet, die Spur
für den eigenen Niedergang zu legen. Denn es ist eine der
Paradoxien des Erfolgs, dass die Dinge, die uns dahin gebracht haben, wo wir jetzt sind, nur selten auch die sind,
die uns in der eroberten Erfolgsposition halten.

Dahinter steckt die duale Natur des Erfolgs: Erfolg ern-
tet man, aber nur, wenn man ihn gesät hat. Wir sind erfolgreich, wenn wir einen Markt erschlossen haben. Wenn wir
in unserem Job wissen, wie der Hase läuft. Wenn wir produktiv, professionell, strukturiert und effizient sind. Wenn
wir alles so gut im Griff haben, dass wir das Feld, auf dem
wir grasen, optimal ausschöpfen. Genau. Dann hat man einen Lauf. Der Weg dahin ist von Fall zu Fall unterschiedlich. Aber ist der Weg einmal erfolgreich, wird er meistens
nicht mehr verlassen. Warum auch? Was sich als richtig
erwiesen hat, kann nicht auf einmal falsch sein. Oder?

Doch genau darin liegt die große Gefahr: in der An-
nahme, dass die Erfolgsgaranten von heute auch die von

morgen sind. Sobald wir denken, dass wir den Weg in die Zukunft wüssten, weil er ohnehin nur die Fortsetzung unseres bisherigen Weges ist, werden wir früher oder später in der Sackgasse landen. Die »Erfolgsfalle« schnappt zu. Der Misserfolg, der dann spürbar wird, ist aber schon viel früher entstanden, nämlich weil der »Struggle between Exploration und Exploitation«, wie es James March, emeritierter Professor an der Stanford University, nennt, zu einem früheren Zeitpunkt schon verloren wurde. Was genau hat es damit auf sich?

EXPLOITATION betreiben wir, wenn wir bestehende Erfolgsrezepte ausschöpfen. Wir fahren die Ernte auf dem bestellten Acker ein.

EXPLORATION bedeutet, ein neues Feld zu bestellen. Neue Quellen für Wachstum zu erschließen. Neugierde, unerschrockene Fragen, Kreativität und Mut sind dabei die treibenden Kräfte. Mit anderen Worten, wir stellen so wie Stuart Horney die Frage: »Wie können wir etwas tun, was so noch nie gemacht wurde?«

Exploitation oder Exploration?

> Es geht nicht darum, entweder das eine oder das andere zu tun, sondern beides in einem ausgewogenen Verhältnis!

Kein plattes Entweder-oder, sondern ein intelligentes Sowohl-als-auch. Und genau darin liegt die Herausforderung. Denn Exploration erfordert von uns die Bereitschaft, die Vergangenheit loszulassen. Aber immer dann, wenn wir emotional eng mit dem Vergangenen verbunden sind, fällt es uns schwer, uns anders zu verhalten. Und das kann dazu führen, dass wir uns an etwas klammern, bis es zu spät ist.

Deshalb ist es so schwierig, Exploration und Exploitation zu vereinen – und das gilt für Unternehmen ebenso wie für Individuen. Aber wir sind überzeugt: Langfristig erfolgreich sind nur die, die beides schaffen! Diejenigen also, die bereits in hochprofitablen Zeiten ihre Erfolgsrezepte hinterfragen. Die schon neue Märkte entwickeln, während die alten gerade brummen. Die die Zukunft prüfen und erforschen, während es in der Gegenwart gerade so richtig gut läuft. Die Platz für Neues schaffen, obwohl der Platz auch für das Gegenwärtige bestens genutzt werden könnte.

Es gibt keine perfekten Antworten auf eine Welt im Umbruch. Wir müssen daher immer Suchende bleiben. Ein wirksamer Weg, diese Suche nachhaltig zu machen – sei es beruflich oder privat –, ist, sich regelmäßig die Frage zu stellen: »Wie kann ich etwas tun, was ich so NOCH NIE gemacht habe?«

BUILD TO LAST?
BUILD TO IMPACT!

Alexandre Farto pfeift auf die Nachwelt. Der in London lebende Portugiese – besser bekannt als der Performance-künstler Vhils – zerstört, um etwas zu kreieren. Ganz konkret: Vhils sprengt Portraits in Hauswände. Seine »Arbeitsflächen« sind Abrisshäuser, deren Wände er so lange bearbeitet, bis eindrucksvolle Reliefs entstehen, die sich auf atemberaubende Weise zu Gesichtern zusammenfügen, wenn man sie aus der Ferne betrachtet. Grandios!

Hin und wieder wird er von Hausbesitzern eingeladen, eine Außenwand oder Garagenmauer »umzugestalten«. Manche von ihnen behalten das Kunstwerk so lange, bis das Wetter die restlichen Putzbrocken von der Wand spült. Andere reißen die Wände einfach ab oder verputzen sie neu. Eigentlich weiß Vhils gar nicht, welche seiner Arbeiten überhaupt noch existieren. Seine Kunst ist explosiv, spektakulär und ... sehr vergänglich.

Moment mal: Will nicht jeder Künstler Werke für die Ewigkeit schaffen?

»Diese ephemere Qualität gehört zum Arbeiten auf der Straße«, sagt Vhils. »Du behältst immer im Hinterkopf, dass das, was du produzierst, morgen schon wieder verschwunden sein kann.«

Vhils Aussage hat geradezu philosophische Qualität. Und er legt den Finger auf die Wunde. Durch seine Kunst sagt er: Hört doch auf, euch was vorzumachen! Wir können nichts für die Ewigkeit schaffen. Alles auf der Welt ist mit einem Verfallsdatum versehen.

Vergänglich ist nicht nur die Kunst auf Häuserwänden, sondern schlicht alles, was Menschen in die Welt setzen. Geniale Teams, geniale Unternehmen, Menschen, die wirklich Großes leisten? Ja, gibt es. Solange sie funktionieren, solange sie sich halten, solange sie noch wirken oder in Erinnerung bleiben. Aber eben auch nur so lange! Wenn also ohnehin jeder relativ geniale Versuch relativ großer Menschen, relativ bedeutende Werke zu schaffen, am Ende in relativ kurzer Zeit restlos zu Staub und Asche wird, wieso um alles in der Welt sollten wir uns dann krumm legen, ewig Haltbares und absolut Unkaputtbares zu schaffen? Warum sollten wir uns dann überhaupt noch um etwas bemühen? Vhils gibt uns eine Antwort. Eine bemerkenswerte Antwort.

Klar, Langlebigkeit ist gut. Nachhaltigkeit ist das Gebot unserer Zeit. Aber wir dürfen darüber nicht den Moment vergessen!

Wir dürfen nicht den Augenblick versäumen, die Gegenwart: »Die Explosion ist für mich wichtiger als die fertige Arbeit«, sagt Vhils.

Eigentlich sind doch alle Build-to-last-Strategien Augenwischerei, denn sie streben Unmögliches an. Und sie sind auch dröge. Unternehmen, die ihr 200. Jubiläum feiern, ohne jemals auch nur etwas ansatzweise Aufregendes gemacht zu haben, finden wir todlangweilig.

Build to LAST oder Build to IMPACT? Was uns antreibt, ist definitiv das Zweite. Eine Förster & Kreuz-Akademie gründen, um unser Gedankengut in die Welt zu tragen und auch dann weiterzuverbreiten, wenn wir nicht mehr da sind? Nichts auf der Welt könnte uns ferner liegen. Uns geht es nicht darum, etwas für die Ewigkeit aufzubauen, wir wollen JETZT ETWAS BEWEGEN. Indem wir Menschen zeigen, dass es auch anders geht, leisten wir unseren bescheidenen Beitrag dazu, dass die Welt sich ein kleines bisschen verändert. Wir machen unser Ding so gut wir können. Bis zum letzten Atemzug. Und das war's dann.

DIE UMGEKEHRTE BEWERBUNG

In welchem Unternehmen würden Sie lieber arbeiten?

a) In einem, in dem die Beschäftigung eher eine Art von Duldung ist und der Tenor lautet: Wenn wir irgendwie ohne Sie auskommen können, werden wir das wohl bald tun.
b) In einem, in dem Sie sich wertgeschätzt und respektiert fühlen und Ihre Ideen anerkannt werden.

Die Antwort dürfte leicht fallen. Trotzdem gelingt es vielen Firmen nicht, eine Kultur der Wertschätzung aufzubauen. Die Suche nach neuen Mitarbeitern zieht sich dann über Monate hin, während bei anderen Unternehmen die guten Bewerber förmlich Schlange stehen. Ein Unternehmen, das eine starke Anziehungskraft auf Bewerber ausübt, ist das IT-Beratungshaus Noventum Consulting aus Münster. Noventum hat frühzeitig erkannt:

```
Wer Spitzenleute um sich versammeln
will, muss etwas dafür tun.
Sich bemühen. Investieren.
Und ungewöhnliche Wege gehen.
```

Das war die Geburtsstunde einer Idee: Warum bewerben wir uns eigentlich nicht bei unseren Bewerbern? Diesen Gedanken entwickelte übrigens Susanne Menges, die bei Noventum gerade ein Praktikum absolvierte. Ihre Aufgabe: Denk dir mal was aus! Etwas, das originell, aufmerksamkeitsstark und wirkungsvoll ist.

Das Ergebnis: Die Noventum Bewerbungsmappe. Das Unternehmen wechselt die Seiten und bewirbt sich selbst bei künftigen Mitarbeitern. Mit persönlichen Angaben, Lebenslauf, Stichworten zur Weiterbildung, mit Auszeichnungen, Interessen und aussagekräftigen Fotos zeichnet Noventum in seiner Bewerbungsmappe das Bild eines modernen und freundlichen Arbeitgebers.

Dieses »Werbemittel« wird aber nicht wild gestreut. Dafür ist die Bewerbungsmappe zu aufwendig gestaltet. Vor allem aber würde eine solche Aktion ihren Zweck verfehlen. Denn die Mappe ist ein Instrument, um mit potenziellen Bewerbern in Kontakt zu bleiben – etwa mit Bekannten der Mitarbeiter, die vielleicht gerade nicht auf Jobsuche sind, aber grundsätzlich gut zu Noventum passen würden. Oft wird die Mappe auch eingesetzt, um Bewerbern, die in der finalen Phase des Bewerbungsprozesses angekommen sind, den letzten Anstoß zu geben. Noventum signalisiert damit: Wir wissen, dass ihr gut genug seid, um euch überall zu bewerben. Aber wir würden uns freuen, wenn ihr zu uns kämt.

Eine solche Botschaft bleibt im Gedächtnis. Selbst dann, wenn man vorerst nicht zusammenfindet. Aber genau darum geht es Noventum. Die Bemühungen sind ganz klar Richtung Zukunft ausgerichtet – und die Bewerbungsmappe dient als cleveres und langfristig wirksames Networking-Instrument.

Dass die IT-Firma wiederholt zu einem der besten Arbeitgeber Deutschlands gekürt wurde, wundert da nicht.

Solche Unternehmen begeistern uns.

Deswegen möchten wir hier mit zwei weiteren Beispielen daran erinnern, wie wichtig es ist, frühzeitig Beziehungen zu den Spitzenkräften von morgen aufzubauen.

SEMCO

Über Ricardo Semler haben wir schon öfter berichtet, weil er uns immer wieder inspiriert. Er hat nicht nur mit einer modernen Unternehmenskultur dafür gesorgt, dass das einst konservative brasilianische Unternehmen Semco die Anzahl seiner Beschäftigten binnen zwanzig Jahren von 90 auf 3000 erhöht hat. Er hat auch das »Date Semco«-Programm eingeführt, eine Plattform im Internet, auf der potenzielle Bewerber mit Mitarbeitern und auch mit anderen Bewerbern in Kontakt treten können. Dabei ist es egal, ob das Unternehmen gerade eine Stelle besetzen möchte oder der potenzielle Bewerber im Moment aktiv sucht. Wenn die Beziehung einmal hergestellt ist, kann Semco bei Bedarf einfach aus dem bestehenden Pool an Talenten rekrutieren: schnell, kostengünstig und sehr effektiv.

HAPPY COMPUTERS

Eine ähnliche Strategie verfolgt das britische IT-Trainingsunternehmen Happy. Das Unternehmen aus London schreibt nie offene Stellen aus. Stattdessen können Jobanwärter ihr Interesse an einer Mitarbeit selbst online bekunden. Statt Anzeigen zu schalten, hat sich die Firma ihre individuelle, thematisch auf die eigenen Bedürfnisse zugeschnittene Suchplattform zugelegt. Heute hat Happy Computers eine Warteliste von etwa 2000 (!) Menschen, die gerne dort arbeiten würden.

Wäre es nicht großartig, das auch über das eigene Unternehmen sagen zu können? Aber dazu genügt ein freundlicher Auftritt, ein Tag der offenen Tür oder ein gut gemachtes Formular auf der Website nicht. Nur wenn

Menschen sich in besonderem Maß wertgeschätzt und respektiert fühlen, kann deren kreative Leidenschaft und Energie überall ausbrechen. Und diese Energie ist ansteckend. Für die Menschen im Unternehmen. Für Kunden und Geschäftspartner. Und für alle potenziellen Bewerber.

CURRY, KUNST UND
DIE DREI SCHRITTE ZU EINEM
UNSCHLAGBAREN ANGEBOT

Das Mixed Vegetable Curry schmeckte wie eine Reste-verwertung aus Studentenzeiten: fad, pappig, ziemlich durchschnittlich. Enttäuscht verließen wir das Restaurant. Eigentlich lieben wir die indische Küche. Nun waren wir in Indien und dann so was … Draußen machten wir noch einen Schnappschuss – als bleibende Erinnerung an ein Essen, das bei jeder mittelmäßigen Kochshow durchgerasselt wäre.

Später, beim Durchsehen der Indien-Fotos, wurde uns klar, warum das Essen so lausig gewesen war: Dieses Restaurant war auf beinahe jedes Gericht der Welt »spezialisiert«. Dim Sum, Wiener Schnitzel, Haryali Malai Kebab, gegrillter Fisch – für jeden ist garantiert etwas dabei.

Die Absicht dahinter ist klar: Je größer die Auswahl, desto mehr Gäste sollen kommen. Nur: Welcher Koch kann schon jedes Gericht richtig gut? Der aus dem indischen Lokal jedenfalls nicht. Und anstatt es möglichst jedem recht zu machen, läuft so ein Restaurant Gefahr, so gut wie jeden zu enttäuschen.

Der rettende Pfad aus der Beliebig-keit: Erst einmal die Anzahl der Gerichte rigoros zusammenstreichen.

Eigentlich funktioniert es genauso wie bei einem guten Museum: Jedes große Museum hat eine riesige Bildersammlung im Archiv. Nur werden die teuren Stücke nie alle gleichzeitig aufgehängt. Im Gegenteil: Eine gelungene Ausstellung zeichnet sich durch die Werke aus, die NICHT aufgehängt wurden. Eine richtig gute Ausstellung hat ein Thema – und lässt alles weg, was nicht dazu passt.

Wenn es um Museen geht, scheint uns die Spezialisierung selbstverständlich. Warum aber tingeln gerade viele Wirtschaftsunternehmen noch mit einem Bauchladen durch die Welt? Das indische Restaurant und viele Unternehmen könnten sich von erfolgreichen Ausstellungen eine Menge abschauen:

ERSTENS:
FOKUSSIEREN

Wer so attraktiv für seine Kunden sein will wie eine gut konzipierte Kunstausstellung, der muss sich für eine klare Linie entscheiden. Nur wer sich inhaltlich fokussiert, zeigt, dass er sein Metier beherrscht.

ZWEITENS:
REDUZIEREN

Ist die Grundentscheidung einmal gefallen, so gehört die Anzahl der Produkte rigoros minimiert. Die Frage ist nicht, wie viele Produkte möglich wären, sondern wie wenige nötig sind.

DRITTENS: – UND ERST JETZT! – QUALITÄT ERHÖHEN UND INSZENIEREN

Erst wenn man einen klaren Fokus hat und alles Überflüssige beseitigt ist, lohnt es sich, in die Tiefe zu gehen. So wie im Museum jedes einzelne Bild mit Lichteffekten, durch die Position im Raum oder mit zusätzlichen Infos in Szene gesetzt wird, kann auch ein Unternehmen an den Feinheiten und der Qualität feilen und dann seine wenigen Produkte effektvoll inszenieren.

Eine Erfolgsgarantie liefert dieses Vorgehen nicht – aber es beseitigt zumindest eine Misserfolgsgarantie. Platon sagte vor weit über zweitausend Jahren: »Ich kenne keinen sicheren Weg zum Erfolg, aber einen sicheren Weg zum Misserfolg: es allen recht machen zu wollen.«

THE FUN THEORY
Anders macht mehr Spaß

Menschen sind bequem. Sie tun Dinge meist nur dann gerne, wenn der Nutzen den Aufwand übersteigt. Der Nutzen kann dabei ganz unterschiedlicher Natur sein: finanziell, gesundheitlich, emotional. Vor allem der emotionale Aspekt lässt Menschen Dinge tun, die sie vorher niemals in Erwägung gezogen hätten. (Die verrücktesten Sachen machen bekanntlich Frischverliebte – für einen Kuss um die halbe Welt reisen, zum Beispiel.)

Volkswagen hat diese Idee des emotionalen Nutzens aufgegriffen und vor einiger Zeit in Schweden einen Nachhaltigkeitswettbewerb gestartet: The Fun Theory.

Wie kann man Menschen dazu bringen, ihr Verhalten zum Besseren zu ändern? Die These: Nicht durch rationale Argumente, sondern durch Spaß!

Wie gut das tatsächlich geht, zeigt eine der Ideen der Wettbewerbsteilnehmer: Über Nacht verwandelte eine Gruppe junger Menschen die Treppe der U-Bahn-Station Odenplan in Stockholm mit Farbe und Soundeffekten in eine Klaviertastatur. Vorher benutzten fast alle Menschen die Rolltreppe. Dank der erklingenden Noten beim Auf und Ab anderte sich das: 66 Prozent der Passanten nahmen nun lieber die Treppe. Einfach, weil es ihnen Spaß machte. Man kann das im Video sogar an ihren Gesichtern sehen. Nebenbei war der Film über die Aktion ein extremer Erfolg in Sachen virales Marketing. Der Wettbewerb ist zwar längst beendet, aber dieses Video wurde bis heute mehr als zwanzig Millionen Mal auf Youtube aufgerufen.

Die Theorie stimmt also. Das würde auch John Kotter, Professor an der Harvard Business School, bestätigen. Kotter ist der Experte für Veränderungsmanagement. Er sagt, dass die meisten Menschen, die das Verhalten ihrer Mitmenschen beeinflussen wollen, dies vollkommen falsch angehen.

Klassischer Fall: Der Chef findet, dass seine Mitarbeiter den Kunden die Produkte nicht gut genug erklären. Er beobachtet also die Verkaufsgespräche, ANALYSIERT die Fehler, bastelt eine 1A-Powerpoint-Präsentation, erklärt minutiös, was falsch läuft und wie man es besser machen könnte, und entlässt seine Mitarbeiter in der Hoffnung, dass diese nun UMDENKEN und ihr VERHALTEN zum Besseren ÄNDERN. Sind ja kluge Köpfe.

Aber was passiert?

Nichts.

Weil, so Kotter, der Ansatz ANALYSE-UMDENKEN-VERHALTENSÄNDERUNG eine Einbahnstraße ist. Der Chef fühlt, dass etwas besser laufen muss, aber die Mitarbeiter fühlen es nicht. Sie verstehen die rationalen Begründungen, aber sie ändern nichts, solange sie nicht emotional gepackt werden. Sei es mit Entschlossenheit *(Sooo gehen wir doch mit unseren Kunden nicht um!)* oder Mut *(Wir können den Laden hier umkrempeln!)* oder Mitgefühl *(Dagegen müssen wir doch was tun!)*. John Kotter beschreibt diesen Ansatz so:

```
Menschen SEHEN etwas, das sie etwas
FÜHLEN lässt. Und so entsteht der
Antrieb zur VERÄNDERUNG.
```

Emotionen bringen Menschen dazu, ihr Handeln zu ändern. POSITIVE Emotionen bringen Menschen dazu, ihr Verhalten zu ändern und dabei zu lächeln.

Lassen Sie Ihrer Kreativität freien Lauf und finden Sie Wege, um Menschen emotional mitzureißen!

Es wird sich viel bewegen.

SPECIALISTERNE, MIRAKLE COURIERS & VITA NEEDLE

Unser Treffen mit Sir Ken Robinson liegt schon eine Weile zurück, aber neulich mussten wir wieder an den Autor des grandiosen Buchs »The Element« denken.

Als einer der führenden Experten in Sachen Kreativität, Innovation und Bildung propagiert Robinson in seinem Buch, dass jeder sich darum bemühen sollte, sein Element zu finden. Also den gemeinsamen Nenner zwischen den Dingen, die man liebt, und den Dingen, die man gut kann (also nicht »Fisch sucht Fahrrad«, sondern »Fisch sucht Wasser«). Darin liege der Weg zu Erfolg und Erfüllung.

Wie sehr Sir Ken Robinson mit seiner These recht hat, lässt sich am Beispiel von Specialisterne nachvollziehen: Die Dänen testen Software, und zwar so erfolgreich, dass mittlerweile auch Microsoft oder der IT-Berater CSC die Dienste des Unternehmens in Anspruch nehmen. Dass das Erfolgsrezept von Specialisterne aus einer Not heraus entstand, macht den Firmengründer Thorkil Sonne nur noch sympathischer.

Sonne machte sich 2004 wegen seines Sohnes selbstständig, bei dem das Asperger-Syndrom – eine Form von Autismus – diagnostiziert worden war. Sonne wollte für ihn in der neuen Firma einen Arbeitsplatz schaffen. Seine Idee: Menschen mit Asperger-Syndrom haben zwar unter Umständen Schwierigkeiten, mit anderen Menschen zu kommunizieren und sich auf ungewohnte Situationen einzustellen – Handicaps, die sie für viele Berufe disqualifizieren –, aber sie haben ein ungeheuer gutes Gedächtnis und eine enorme Konzentrationsfähigkeit. Das prädestiniert sie für das Testen von Software, das Prüfen endloser Zahlenreihen und das Pflegen komplexer Datensätze.

Thorkil Sonne hat für seinen Sohn und seine vierzig Specialisterne-Mitarbeiter mit Asperger-Syndrom den Ort geschaffen, an dem sie richtig sind. An dem das, was gemeinhin als Behinderung gilt, eine Stärke ist. Darum geht es in »The Element« von Ken Robinson und das ist etwas, woran auch wir glauben: Dass es die Aufgabe von Unternehmern und Managern ist, sich ihre Mitarbeiter genau anzusehen und sie dort einzusetzen, wo sie die beste Leistung bringen können UND sich wohl fühlen. Wo ihre speziellen Fähigkeiten ihnen zum Vorteil gereichen.

Arbeit und Mensch müssen zueinander geführt werden - das ist die zentrale Aufgabe von Chefs. So wie es die Verantwortung jedes Einzelnen ist, sich selbst die Frage zu stellen: Was kann ich, und was macht mich glücklich?

Und für alle, die jetzt noch nicht überzeugt sind, hier noch zwei Beispiele:

Indien ist eines der Länder mit dem höchsten Anteil an Gehörlosen weltweit. Sechs Prozent der Bevölkerung sind betroffen. Trotzdem werden diese Menschen in Indien noch viel stärker stigmatisiert und ausgegrenzt als in westlichen Ländern. Aber wenn Gehörlose einen vollwertigen Job ausführen können, bei dem Hören keine Rolle spielt und es auf ihre anderen Sinne ankommt, sind sie natürlich hoch motiviert und bringen Topleistungen. Dhruv

Lakra hat in Mumbai deswegen Mirakle Couriers gegründet – einen Kurier-Service, der nur gehörlose Mitarbeiter beschäftigt.

Bei Vita Needle, einem Unternehmen aus Boston, ist der durchschnittliche Mitarbeiter 75 Jahre alt. Die jüngsten Angestellten sind um die 60. Alle anderen deutlich älter. Erfahrung hat hier Prinzip.

Und?

ALLE DREI UNTERNEHMEN SIND ERFOLGREICH!

Nicht trotzdem, sondern gerade weil sie nicht auf den perfekten Norm-Arbeitnehmer setzen, sondern Stärken mit Anforderungen verknüpfen.

Out-of-the-Box-Denken beim Einstellungsgespräch … Probieren Sie's aus!

DANKE!

Sie kennen sie bestimmt auch, diese Dauerhandytelefonierer, die in den Lobbys der Businesshotels dieser Welt sitzen und plappern. Tonspur ungefähr so:

»Schicken Sie die Präsentation heute noch raus! Was? Nein, nein, vergessen Sie's! Hat der Wuppke sich schon gemeldet? Rufen Sie doch da mal an! Ja? Bla, bla, bläh. Schicken Sie's doch gleich raus! Und-so-weiter-und-sofort-weil-ich-bin-ein-ganz-toller-Hecht-und-alles-hört-auf-mein-Kommando!«

Als wir Tom Mendoza bei einer Veranstaltung in Frankfurt trafen, hatte der sein Handy am Ohr – und wir hatten sofort diesen Hotellobby-Chefsprech im Kopf. Tom ist Vice Chairman von NetApp, einem Anbieter von Storage- und Datenmanagement. Vor allem aber ist er ein Urgestein des Silicon Valley. Wir hielten uns erst höflich abseits, aber Tom winkte uns näher zu sich ran. Und da hörten wir, dass er immer wieder »Thank you!« sagte. Gar kein bossiges Bläh. Er machte fünf Anrufe hintereinander. Ein paar nette Sätze. Und immer wieder: Thank you!

Klar wollten wir anschließend wissen, was ihm da gerade Dankenswertes widerfahren war. Och, nichts Besonderes, meinte Mendoza. Er bedanke sich einfach bei Mitarbeitern. Das mache er täglich. So fünfzehn bis zwanzig Leute, die besondere Leistung gezeigt haben.

T-Ä-G-L-I-C-H?

Allen Ernstes?

Allen Ernstes!

Ein Topmanager, der kurze Dankeschön-Telefonate zu seinem Tagesgeschäft macht. Alle Führungskräfte bei Net-App haben den Auftrag, ihn per Mail zu informieren, wenn einer der 8000 Mitarbeiter einen Kunden begeistert hat.

Wir haben ihn gefragt: Kostet das nicht viel zu viel wertvolle Zeit? Antwort: Nein, wieso?

Wenn dir Menschen wichtig sind,
musst du Zeit und Ressourcen in
sie investieren, meint Tom Mendoza.
Und jede Menge Dankesworte.

Denn wer nicht bereit ist, außergewöhnliche Leistungen anzuerkennen, darf auch keine erwarten. So seine Philosophie.

Stark.

Und diese Kultur der Wertschätzung ist sicherlich einer der Gründe, warum NetApp regelmäßig als einer der besten Arbeitgeber der USA ausgezeichnet wird. Während andere nur darüber reden, dass die Mitarbeiter ihr wichtigstes Kapital sind, nimmt hier einer den Hörer in die Hand und sagt es seinen Leuten. Jedenfalls denen, deren Leistung top ist. Davon kann man lernen.

Deswegen jetzt mal: DANKE!

Danke an Sie, liebe Leserin, lieber Leser. Wir freuen uns, dass Sie uns Ihre Zeit widmen.

SEID LEIDENSCHAFTLICH!

BON VOYAGE!

Wenn wir zu unserem Haus in Frankreich fahren, führt unser Weg über die Autobahn Richtung Paris. Wir unterbrechen unsere Fahrt nur an zwei Mautstellen. Voller Vorfreude auf einige entspannte Tage in einem der für uns schönsten Länder der Welt waren wir neulich aufgebrochen. Den heftigen Regenschauer, der runterkam, ignorierten wir ganz einfach, und als wir am ersten Kassenhäuschen anhielten, blinzelte die Sonne gerade durch die Wolkendecke.

»Bonjour«, begrüßten wir die Kassiererin und reichten ihr eine Handvoll Kleingeld.

»Bonjour«, grüßte sie zurück. »Ist es nicht klasse, dass der Regen aufgehört hat? Au revoir et bon voyage!«

Wie sympathisch. Richtig nett.

Freundliche Menschen im Alltag sind etwas Schönes.

Einige französische Autobahnkilometer weiter die nächste Mautstelle, gleiches Spiel, doch irgendwie anders: Bonjour, Ticket und Geld. Allerdings würdigt uns die zweite Kassiererin keines Blickes. Kein Wort. Saure Miene. Abwesend und genervt drückt sie uns das Wechselgeld in die Hand und öffnet wortlos die Schranke. Was ist los? Hat sie Kopfschmerzen? Streit mit ihrem Mann? Ärger mit dem Chef? Hat sie gerade einen hochdotierten Job bei der Banque de France verloren und muss nun hier jobben?

Auf den nächsten Kilometern fallen uns zig Gründe ein, warum die Frau so schlecht drauf gewesen ist. Und klar ist auch, dass ihr Job im Kassenhäuschen nicht unbedingt das ganz große Los ist. Aber dennoch beantwortet es nicht die

Frage, warum die Dame, die an der ersten Mautstelle genau die gleiche Arbeit macht, so anders drauf war.

Wir haben die Wahl, mit welcher Einstellung wir arbeiten. Uns ist vollkommen klar, dass es nicht leicht ist, jede Arbeit jederzeit mit einer positiven und engagierten Grundhaltung auszuüben. Und natürlich gibt es immer Erlebnisse, die einem die Laune vermiesen können. Ja, und außerdem gibt es auch Schicksalsschläge wie Scheidung, Krankheit oder beruflichen Misserfolg. Wer kann in solchen Situationen fröhlich sein?

Es kann auch nicht jeder einfach den Job wechseln. Die schlecht gelaunte Kassiererin kann vermutlich aufgrund ihrer Qualifikation nicht morgen als Ärztin arbeiten, auch wenn sie vielleicht glaubt, dass dieser Beruf sie zufriedener machen würde.

Nicht jeden äußeren Faktor kann der Mensch beeinflussen. Aber eben sich!

Ganz gleich, welchen Beruf oder welche Position ein Mensch hat, ob Vorstandsmitglied, Kassiererin oder Ärztin – die Einstellung, mit der wir an unsere täglichen Aufgaben herangehen, haben wir selbst in der Hand. Und die beeinflusst unser Wohlbefinden viel mehr als Arbeitsbedingungen selbst. Das Zitat von Martin Luther King bringt es wunderbar auf den Punkt:

>*»Wenn ein Mann zum Straßenkehrer berufen ist, dann sollte er Straßen kehren. So wie Michelangelo gemalt hat, wie Beethoven Musik komponiert hat oder wie Shakespeare geschrieben hat, so sollte er die Straßen kehren; so nämlich, dass all die Heerscharen des*

Himmels und der Erde innehalten und sagen werden:
Hier lebte ein großer Straßenkehrer, der seine Arbeit
gut gemacht hat.«

Wir interpretieren diese Aussage so: Was immer Sie in diesem Moment tun, tun Sie es mit ganzem Herzen. Engagiert.
Bewusst. Gern. Mit Freude, Freundlichkeit und einem klaren Commitment. Das ist so viel mehr als einfach nur einen
Job zu machen.

Es gibt keine unbedeutende und gewöhnliche Arbeit,
wenn bedeutende und alles, außer gewöhnliche Menschen
sie tun.

DER PREIS DER FREIHEIT

Ein paar tausend Handys leuchten wie Sterne über dem offenen Meer. Das Klavier spielt sparsam, Westernhagen singt leise: »Freiheit« – umso intensiver ist die Stimmung. Gänsehaut. Die Halle singt feierlich mit.

»Freiheit. Freiheit. Ist das Einzige, was zählt.«

Peter war auch da, beim Westernhagen-Konzert in Mannheim in der SAP-Arena. Auch er konnte sich der Dramatik des Augenblicks nicht entziehen, als 6000 Menschen von der Freiheit sangen. Ja, Freiheit, das ist ein tiefer, starker Antrieb des Menschen. Das geht ans Herz. Wir alle wünschen uns mehr davon. Selbstverständlich.

Und viele, die da mitsangen, wünschen sich Freiheit VON etwas. Freiheit von einengenden Zwängen, Freiheit von autoritärer Bevormundung, Freiheit von bohrenden Ängsten, Freiheit von finanziellen Sorgen, Freiheit von starren Regeln, Freiheit von mächtiger Willkür, Freiheit von erdrückenden Hierarchien, Freiheit von lästigen Pflichten, Freiheit von ständiger Kontrolle …

Doch Freiheit, das ist nicht nur Freiheit VON etwas. Es gibt immer auch einen zweiten Aspekt, der aber in unserem alltäglichen Bewusstsein eine viel kleinere Rolle spielt, als ob wir uns davor fürchten: Freiheit ZU etwas.

Wenn wir Freiheit VON Zwängen, Bevormundung, Regeln, Willkür, Hierarchien und Kontrolle fordern, dann müssen wir auch die Freiheit ZUR Verantwortung anerkennen. Dann müssen wir auch Eigenverantwortung beim Handeln übernehmen. Dann müssen wir auch die Konsequenzen unseres selbstbestimmten Arbeitens akzeptieren.

Aber gerade mit der Freiheit ZU Selbstverantwortung ist das so eine Sache. Zuerst klingt es ganz toll. Aber in dem Moment, in dem wir Selbstverantwortung für unser Leben, für unsere Arbeit, für unsere Karriere übernehmen, passiert etwas Unangenehmes: Wir können nicht mehr den Finger ausstrecken und auf einen anderen zeigen.

»Mein Chef wollte das so.«
»Ich habe doch nur meinen Job gemacht.«
»Da konnte ich leider nichts machen.«
»So sind eben die Vorgaben.«

Freiheit ZU bedeutet, selbst Verantwortung zu übernehmen - im Positiven wie auch im Negativen.

Auch für das, was wir nur übernommen und nicht selbst verursacht haben. Freiheit ZU bedeutet mit Blick auf mein Leben, herauszufinden, wozu dieses Leben eigentlich da ist, welche Aufgaben für mich bedeutsam sind und wann und wie ich ihnen nachgehen sollte. Da ist kein Chef, kein Professor, kein Elternteil, kein Meister, kein Lehrer, kein Partner, der diese Fragen für mich beantwortet!

Von Freiheit zu singen und Freiheit zu fordern, das ist schön und das ist aller Ehren wert. Aber noch mehr Respekt haben wir für Menschen, die Freiheit LEBEN! Und das bedeutet, den Teppich der Ausreden unter sich wegzuziehen. Das bedeutet, nicht nur gegen etwas zu sein, sondern für etwas einzustehen, und zwar mit allen Konsequenzen. Beispielsweise wenn wir feststellen, dass wir die

Prioritäten, die von außen an uns herangetragen werden, eigentlich gar nicht teilen. Und wir wissen selbst sehr genau: Es zählt zu den unangenehmen Erfahrungen im Leben, festzustellen, dass man für Zwecke benutzt wird, die eigentlich nicht die eigenen sind.

Freiheit VON, die wir alle lieben und schätzen, geht nie ohne Freiheit ZU, die wir – fälschlicherweise – oft fürchten. Verantwortung ist kein süßes Wort. Aber sie ist der Preis der Freiheit!

ROUTINE FRISST SPIRIT

Von allen Studienfächern hat die Medizin die niedrigsten Abbrecherquoten. Kein Wunder. Denn die meisten, die Mediziner werden wollen, haben altruistische Motive: Sie wollen Menschen helfen, gesund zu werden, Leben retten, etwas tun, das für andere Menschen Bedeutung hat. Auch unter den Berufsanfängern herrscht laut einschlägigen Umfragen Idealismus pur. Junge Ärzte haben sich fast immer mit Leib und Seele ihrem Beruf verschrieben, sind höchst motiviert und stolz auf ihre Profession. Das finden wir großartig!

Nur leider überdauert die Begeisterung selten die ersten Berufsjahre. Ein Freund von uns kann stellvertretend für die typische Entwicklung stehen: Wenn wir heute mit ihm sprechen, mehr als ein Jahrzehnt nach seinem Start, dann blicken wir in leere Augen.

So sieht Desillusionierung aus!

Woran liegt das? Wenn wir nach seinem typischen Tagesablauf in der Klinik fragen, berichtet er von wahnwitzig viel Bürokratie, von administrativem Kram, für den man wahrlich kein Medizinwissen braucht, von viel zu viel Zeit am Schreibtisch und viel zu wenig Zeit für die Patienten. Jede Minute am Krankenbett steht unter Zeitdruck.

Wie konnte das nur passieren? Ganz einfach: schleichend, schrittweise und scheinbar unaufhaltsam. Das, was ihn früher einmal angetrieben hat, wurde sukzessive zurückgedrängt und aus dem Tagesablauf eliminiert. Was wir am schlimmsten dabei finden: Er beklagt sich nicht einmal mehr, er zuckt nur noch mit den Schultern und seufzt: »So ist das nun mal nach einigen Jahren im Beruf. C'est la vie. Deal ist Deal. Machen wir uns nichts vor …«

Das ist allerdings nicht nur bei Ärzten so. Hören Sie sich einmal um und fragen Sie die Menschen in Ihrem Umfeld. Wir haben das getan und herausgefunden: So oder so ähnlich klingt das auch bei Lehrern, Anwälten, Handwerkern, allen möglichen Sorten von Mitarbeitern in Unternehmen und auch bei Kommunalpolitikern. Ausnahmen bestätigen die Regel. Aber allerorten gilt: Routinearbeit erdrückt den Spirit. Das Funkeln in den Augen kennen viele noch von früher. Heute ist es oft längst verloren.

Die Routine frisst sich ganz automatisch durch die Begeisterung. Und wenn man sie nicht aktiv zurückdrängt, übernimmt sie das Ruder.

Deshalb haben wir im Lauf der Jahre ein kleines Ritual entwickelt, das uns hilft, unseren Kurs nachzujustieren.

Unser Buch »Alles, außer gewöhnlich« markiert für uns den Startpunkt unseres bewussten Weges zum Funkeln in den Augen. Seit damals richten wir unseren Blick konsequent auf das, was für uns selbst UND für andere Bedeutung hat. Wir setzen uns immer mal wieder gemeinsam hin und blättern in dem Buch herum, lesen uns irgendwo fest. Es ist schon irgendwie komisch, wieder und wieder im eigenen Buch zu lesen – aber es hilft uns einfach, uns zu erinnern: Was hat uns damals angetrieben? Es zeigt uns auch, wie weit wir uns das eine oder andere Mal unbemerkt von unserem Weg entfernt haben. Nostalgie spielt dabei überhaupt keine Rolle! Aber es lässt uns diesen Spirit wieder aufleben. Ja, es lässt uns ihn immer wieder aufs Neue entdecken.

Wie steht es mit Ihnen? Mal ehrlich! Wie viel von Ihrem Idealismus ist noch übrig? Unser Vorschlag: Entwickeln Sie Ihr eigenes Ritual! Sie müssen dazu kein Buch schreiben, um darin lesen zu können. Aber Sie können irgendein anderes »Objekt« finden, das Sie an den Beginn Ihres Weges erinnert. Und dann können Sie sich regelmäßig fragen:

Warum habe ich damals diesen Job gewählt?
Was sind die Dinge, die für mich wirklich Bedeutung haben?
Was ist das, was mich inspiriert, wachsen lässt und herausfordert?
Hat das irgendeine Relevanz in meiner täglichen Arbeit?
Wenn nein, warum eigentlich nicht?

Und noch eine Idee: Wenn Sie jemand fragt, wie es Ihnen geht, dann nehmen Sie das zur Abwechslung mal nicht als Begrüßungsfloskel, sondern nehmen Sie die Frage ernst. Anstatt zu murmeln »Ganz gut«, ist das Ihre Gelegenheit zu einer ehrlichen Antwort für sich selbst: Wie geht es Ihnen wirklich? War der Tag so, wie Sie es sich zu Beginn Ihres Berufsweges vorgestellt hatten?

Wir fangen gleich mal an!

Also: Wie war Ihr Tag heute?

BALANCE NERVT!

Alles ist in Balance: das Leben, die Verdauung, der Joghurt, die Beziehung und sogar der Kaffee! Alles macht Balance: Balance-Yoga, Balance-Workshops, Balance-Wochenenden. Alles empfiehlt Balance: Frauenmagazine, Männermagazine, 2800 Bücher. Minimum.

Balance geht uns mächtig auf den Keks. Nicht nur, weil es ein Modewort ist, das in seinem Gebrauch völlig aus der Balance geraten ist, sondern weil dahinter eine ziemlich fiese Botschaft steht: Ja, du kannst alles haben! Ja, du kannst alles schaffen! Du musst eben nur die richtige Balance finden!

Mit der richtigen Balance schaffst du alles: Karriere machen, Großfamilie managen, Alltag organisieren, Vorstand Bescheid stoßen, Marathon-Bestzeit laufen, Kate-Moss-Figur haben – kein Problem, oder? Und wenn nicht? Na, dann musst du dich eben noch mehr anstrengen! Finde deine Balance!

Aber genau das mit der Balance bringt uns aus dem Gleichgewicht: Es ist nämlich nicht zu schaffen! Es gibt keine perfekte Lösung. Du kannst nicht alles auf einmal haben. In Wahrheit besteht das Leben fortwährend aus Entscheidungen.

Und das heißt, wir müssen wählen: dieses ODER jenes? Und nicht dieses UND auch noch jenes!

Jede Entscheidung beinhaltet ein Ja und unter Umständen viele Neins.

Und das ist alles, nur keine Balance!

> Im Leben können wir nicht alles, wir müssen entscheiden und dann die Konsequenzen dieser Entscheidungen tragen.

Kein Trick und kein Balance-Gelaber können uns davor bewahren, dass wir am Ende für alle Auswirkungen unserer Entscheidungen verantwortlich sind.

Wenn ich für einen Marathon trainiere, dann habe ich weniger Zeit für Freunde, den Partner oder die Kinder. Das ist so. Punkt. Oder umgekehrt: Wenn ich mir mehr Zeit nehme für die Kinder, dann kann ich keine Bestzeit beim Marathon laufen. Basta. Entscheide dich!

Das mit der Balance klingt so sanft und menschlich, aber es ist in Wahrheit eine ganz gemeine Sache. Denn wenn uns in den Medien oder in der Werbung suggeriert wird, dass wir nur zu doof oder zu träge sind, die richtige Balance zu finden, um alles gleichzeitig zu schaffen, dann erzeugt das Schuldgefühle. Und die treiben uns weiter an: Alle schaffen das, nur ich nicht … das kann nicht sein … also weiter!

Der Preis, den wir dafür bezahlen, ist hoch: nämlich das Gefühl, innerlich zerrissen zu sein. Und das Ergebnis dieser ewig balancierenden Art von Nicht-Entscheiden hat einen Namen: STRESS.

Also: Sie entscheiden!

WARUM WIR VIEL
MEHR MACHT HABEN,
ALS WIR GLAUBEN

Der weltberühmte Bestsellerautor Paulo Coelho war in Rio de Janeiro zu Fuß zu einem Interview unterwegs. Da sah er einen Mann auf dem Bürgersteig liegen. So etwas sieht man in fast allen Großstädten der Welt jeden Tag. Nichts Besonderes.

Coelho ging weiter. Aber plötzlich blieb er stehen. Etwas war passiert in ihm. Seine Seele war müde geworden, diese immer gleiche Szene wiederzusehen. Er kehrte zurück und sah, dass der Mann verletzt war und blutete. Er zog ihn in den Schatten und rief einen Polizisten. Aber der weigerte sich, dem Mann zu helfen. Coelho war machtlos. Er hatte nicht die Autorität, dem Polizisten vorzuschreiben, was der zu tun hatte.

Moment!

Er hatte keine Autorität? Oh doch! Die hatte er!

Aber seine Autorität entsprang nicht einem Amt oder einer Position, sondern kam aus dem tiefsten Innern, aus ihm selbst. Er hatte nämlich einfach genug davon, Menschen auf dem Boden liegen zu sehen. Etwas war anders als sonst. Diesmal meinte er es todernst. Er schaute dem Polizisten direkt in die Augen und sagte mit fester Stimme: NEIN!

Und dann passierte das Unglaubliche. Der Polizist war verwirrt. Er fragte Coelho, ob er eine Amtsperson sei. Und obwohl Coelho das nicht war, begann der Polizist, ihm zu gehorchen. Coelho hatte die Führung übernommen. Gemeinsam halfen sie dem Mann und brachten ihn ins Krankenhaus.

Diese einfache kleine Geschichte hat uns klargemacht: Wir sind nicht ausgeliefert! Wir alle haben die Macht etwas zu ändern! Wir können einen Unterschied bewirken! Aber wie bringen wir die Autorität auf, die dazu notwendig ist? Die Geschichte beantwortet auch das.

> Wir alle besitzen Autorität, wenn wir von dem, was wir tun, vollkommen überzeugt sind!

Es gibt zwei Quellen von Autorität: Sie entspringt entweder einem Amt, einer Position. Oder sie entspringt echter Überzeugung. Wenn wir den Mut aufbringen, das zu tun, von dem wir zutiefst überzeugt sind, dann können wir auch ganz ohne Machtinstrumente etwas bewirken. Egal ob bei einem Spaziergang in Rio de Janeiro oder bei der täglichen Arbeit oder in unserem unmittelbaren Umfeld.

Nur sind wir uns meistens gar nicht bewusst, über wie viel Macht und Einfluss wir eigentlich verfügen. Wir hören es oft nach Vorträgen: »Wissen Sie, Herr Kreuz/Frau Förster, das war alles sehr interessant, aber bei uns geht das nicht.« – »Mein Chef lässt mich nicht, ich bin ja nur Mitarbeiter und kann da nichts machen.« – »Die da oben sollten zuerst damit beginnen, etwas zu verändern!«

Aber das sind Ausreden!

Gandhi hat es treffend auf den Punkt gebracht: »Sei du selbst die Veränderung, die du dir wünschst für diese Welt!« Also: Welche Veränderung wollen Sie sehen? Wie können Sie diese Veränderung selbst verkörpern?

Verändern Sie etwas – *aus Überzeugung!*

VORMUNDSCHAFT UND FETTSTEUER

16 Kronen pro Kilo müssen die Dänen drauflegen, wenn sie Lebensmittel kaufen, die gesättigte Fette enthalten. Das sind umgerechnet 2 Euro und 15 Cent, und sie gehen an den dänischen Staat – als Fettsteuer.

Finden Sie das gut?

Die UNO findet das hervorragend und fordert von den Politikern der Industriestaaten noch mehr davon: Steuern auf Lebensmittel mit hohem Anteil an Fett, Salz und Zucker, Steuern auf Limonaden mit hohem Zuckergehalt – und so weiter. Ungarn hat so eine Steuer verabschiedet. Rumänien denkt darüber nach. Frankreich hat eine Cola-Steuer eingeführt. Braucht Deutschland das jetzt auch endlich? Immerhin sind hierzulande 75 Prozent der Männer und 59 Prozent der Frauen übergewichtig. Und der Kampf gegen Diabetes und andere Folgen von Fettleibigkeit kostet uns alle Unsummen.

Das ist so. Also müssen wir es regeln. Menschen per Vorschrift davon abhalten, dass sie sich vollfressen und ihre Gesundheit zugrunde richten.

Tatsächlich? Funktioniert es nur so? Ist das reglementierende Eingreifen in das Leben der Menschen der einzige Weg, uns vor uns selbst zu schützen? Sind wir so unverantwortlich, dass kollektives Misstrauen automatisch zur Grundlage von Gesetzen und Vorschriften werden muss?

Das Menschenbild, das sich in solchen Vormundschaftsregeln zeigt, finden wir ABSCHEULICH. Es geht uns ungeheuer gegen den Strich! Anstatt den Menschen prinzipiell zu vertrauen, dass sie mit ihrer Freiheit verantwortungsbewusst umgehen können, wird ihnen kollektiv misstraut. Diese Sichtweise ist vor allem eines: existenzsichernd für diejenigen, die sich die Vorschriften ausdenken.

Die gute Absicht, uns vor uns selbst zu schützen, wollen wir gar nicht leugnen. Aber unsere persönliche Meinung ist:

Wir wollen selbst entscheiden, was
gut für uns ist und was nicht!

Und wir können das – was man dort gut beobachten kann, wo wir noch die Freiheit haben, uns selbst zu schaden, zum Beispiel auf den Skipisten. Es gibt kein Gesetz und keine Steuer, die Menschen dazu zwingt, sich einen Helm aufzusetzen, wenn man Skifahren oder Snowboarden geht. Informationen über schlimme Unfälle mit Kopfverletzungen haben vollkommen ausgereicht, denn die meisten Menschen handeln vernünftig, wenn es ein entsprechendes Angebot an bezahlbaren und nicht gar so hässlichen Helmen gibt. Heute sieht man auf den Pisten nur noch ein paar sehr alte Skifahrer ohne Helm. Und die entscheiden das einfach selbst. Also: Es geht.

Genau dieses Menschenbild, das uns nicht zutraut, selbstverantwortlich zu entscheiden und zu handeln, herrscht auch in vielen Unternehmen vor. Da wird einfach alles vorgeschrieben und geregelt: Arbeitszeit, Arbeitsort, Arbeitsmittel, Arbeitszuteilung, Arbeitskleidung. Alles starr und einheitlich. Keiner, der auf dem Macbook arbeiten darf statt auf dem Windows-PC. Keiner, der am Feiertag arbeiten darf und dafür an einem beliebigen Dienstag freinehmen kann. Keiner, der morgens um fünf oder erst mittags um zwölf zur Arbeit kommen kann, weil er dann besser drauf ist. Keiner, der sich Projekte und Aufgaben selbst aussuchen kann.

Das wäre alles möglich. Aber nicht in diesen Unternehmen. Die Kontrollstrukturen sind tief in der Firmen-DNA verwurzelt, denn man glaubt, dass Menschen mit Freiheit nicht umgehen können.

Das beste Argument für die Vormundschaftsbefürworter ist immer das Fehlverhalten Einzelner: *»Seht ihr: Ich hab's ja gleich gesagt, die Leute können es nicht! Schaut euch um!«*

Wer aber lieber eine Vertrauenskultur haben will, der muss als Führungskraft erstmal die Fähigkeit entwickeln, das Fehlverhalten Einzelner auszuhalten. Einfach aushalten! Daraus folgt nämlich nicht automatisch, dass man alles vorschreiben muss!

Wir müssen uns darüber klar werden, dass wir für die Einschränkung von Freiheit einen irre hohen Preis bezahlen: Es gibt eine negative Korrelation zwischen Einschränkung und Gängelung einerseits und Engagement und Leidenschaft andererseits. Wir können nicht beides haben!

Nicht nur das Engagement und die Leidenschaft der Menschen bleiben allerdings in einem solchen Umfeld auf der Strecke. Ebenso ihre Initiative und Kreativität. Und die entscheidende Frage, die sich jede Organisation stellen muss, lautet: Können wir uns das überhaupt noch leisten?

Auch wenn es der anspruchsvollere Weg ist: Wir haben etwas gegen all die Gängelungen in Arbeitswelt und Gesellschaft. Wir bekennen uns, und zwar zur Freiheit zu mehr Eigenverantwortung!

DIE ZUKUNFT GEHÖRT DEN SPRINGSTEENS DIESER WELT

Urgewalt. Ungezügelt.

Ein Gewitter entlädt sich krachend nahe der Frankfurter Commerzbank-Arena. Und dieselbe pure Energie elektrisiert uns auch im Inneren des Stadions. Wir sind auf dem Konzert von Bruce Springsteen. Eigentlich sind wir gar keine eingefleischten Springsteen-Fans. Oder waren es vor diesem Konzert noch nicht. Wir haben die Konzertkarten nur gekauft, weil Freunde uns eindringlich nahegelegt hatten, dass wir den »Boss« unbedingt mal live erleben müssten. Na gut, dachten wir, warum nicht? Und dann das! Dieser Rockveteran entfesselt eine emotionale Wucht, die uns fast die Ränge hoch fegt.

Nach dem ersten Song ist sein Hemd schweißnass, nach dem zweiten kleben die Haare, nach dem dritten hat seine Hose die Farbe gewechselt – und was nun noch dreieinhalb Stunden so weiter tobt, beschreibt die FAZ hinterher so:

> *»Es wird so lange Rock'n'Roll gespielt, bis der Boss kaputt ist und auch der letzte kapiert hat, was ein Mensch leisten kann, wenn er mit Leidenschaft und Menschenfreude bei der Sache ist, kurz: wenn der Wahnsinn Methode bekommt, mit dem allein die Welt zu verändern ist...«*

Dieses Konzert hat unsere Maßstäbe verschoben: unglaubliche emotionale Kraft und mitreißende Energie, gepaart mit einem legendären Arbeitsethos (drei Stunden, keine Pause, keine Vorband, Zugaben ohne Ende).

Wie sähe die Welt aus, wenn alle
ihre Jobs mit der Leidenschaft
machen würden wie der »Boss«?

Keine Routinen haben, sondern, auch nach dreißig Jahren »auf der Bühne«, in jedem Moment einfach alles geben? Wie viele »Bosse« kennen wir im Business, die Menschen derart mit purer Energie anstecken?

Die Zukunft gehört den Springsteens dieser Welt! Menschen, die ihren Job mit voller Leidenschaft machen, die in ihrem Element sind und sich nicht vorstellen könnten, jemals etwas anderes zu tun. Auf diese Zukunft freuen wir uns!

Um es mit einer Zeile von Springsteen zu sagen: *»Better days are shining through.«*

NUR RICHTIG STARKE EMOTIONEN GEBEN INNOVATION ECHTE MAGIE UND POWER

Stage-Gate-Modell. Ideenmanagement. Suchfeldanalyse. Fokusgruppen ... Ja, es gibt jede Menge exzellenter Strategien, Instrumente und Methoden, um Innovationsprozesse anzustoßen, am Laufen zu halten und zu Ergebnissen zu führen. Das alles ist richtig und wichtig. So ist es. Punkt.

ABER: Abgesehen von all diesen rationalen, kühlen Modellen birgt dieses Riesenthema noch etwas ganz anderes: etwas Heißes, Irrationales, Brennendes. Das, was eine Innovation überhaupt erst ins Rollen bringt. Der Auslöser, der alles ändert. Und diesen Auslöser gibt es in zwei grundverschiedenen Versionen: tiefer Frust oder Riesenfreude.

INNOVATION GEBOREN AUS TIEFEM FRUST: DIE TEEKAMPAGNE

Günter Faltin war bis 2013 Professor an der FU Berlin und lehrt mittlerweile an der thailändischen Chiang Mai Universität. Er hat ein Unternehmen gegründet, das in kürzester Zeit der größte Händler der Welt für Darjeeling-Tee geworden ist. Größer als Lipton. Größer als Nestlé. Seine Idee: Die Teekampagne beschränkt sich auf nur eine Sorte Tee, kauft diese in großen Mengen direkt beim Erzeuger, schaltet den teuren Zwischenhandel aus und verkauft den Tee in effizienten Großpackungen hauptsächlich über das Internet, direkt an den Konsumenten. So einfach, so schlagkräftig. Faltins Konzept stellte den Teemarkt komplett auf den Kopf.

Was war sein Antrieb, das große Warum? Tiefer Frust! Faltin nervten zwei Dinge kolossal: zum einen die Menschen, die glauben, dass nur die »Großkopferten« mit viel Geld ein innovatives Unternehmen gründen können. Er wollte den Borniertern zeigen, dass man auch mit einer Handvoll Studenten durchschlagenden Markterfolg haben kann. Zum anderen der hohe Preis für Tee, der nur deshalb so teuer ist, weil so viele Zwischenhändler daran mitverdienen. Er als Teetrinker wollte das einfach nicht mehr länger hinnehmen. Schluss! Aus! Vorbei!

Die Fragen an Sie, die sich daraus ergeben:

Was geht Ihnen total auf den Zeiger?
Was nervt oder frustriert Sie über alle Maßen?
Wie genau können Sie das endlich ändern?

INNOVATION GEBOREN AUS RIESENFREUDE: CIRQUE DU SOLEIL

Diese Truppe aus Kanada steht für nichts weniger als die komplette Neuerfindung des guten alten Zirkus. Wobei »Zirkus« im Zusammenhang mit Cirque du Soleil etwa so passend ist wie »Tanzkapelle« für die Rolling Stones …

Das Unternehmen beschäftigt heute rund 5000 Menschen und ist über eine Milliarde Dollar schwer. Die beiden Gründer, Guy Laliberté und Daniel Gauthier, waren Straßenkünstler und hatten anno 1984 eines ganz sicher nicht im Kopf: Marktforschung. Sie haben ganz sicher nicht den Markt für Zirkus-Entertainment analysiert und die strategische Nische gesucht. Sie haben ganz sicher keine Chancen-Risiken-Auswertung gemacht oder Fokusgruppen befragt. Ganz im Gegenteil: Sie wollten auf möglichst unspießige und fröhliche Weise genug Geld für einen bescheidenen Lebensunterhalt zusammenbekommen. Das war der Ursprung einer unglaublichen Erfolgsgeschichte. Der Antrieb, das Warum: brennende Begeisterung, riesengroße Lust und unbändige Freude an der Sache.

Die Fragen an Sie, die sich daraus ergeben:

Wofür brennen Sie wirklich?
Was begeistert Sie zutiefst?
Welchen Unterschied wollen Sie machen,
weil es einfach genial wäre?
Wie wäre das, was Sie schon immer tun, noch viel
spannender, schöner, interessanter?

Der stärkste Antrieb für Innovation sind nicht Strategien, Instrumente oder Methoden - sondern verdammt starke Gefühle!

Brennende Begeisterung oder extremer Frust. »Wow, ist das genial!« Oder: »Das nervt mich unendlich!«

Wenn außergewöhnlich starke Emotionen im Spiel sind, erhält Innovation ihre ganze Magie und Power. In dem Moment wird Innovation eine Kraft, die die Welt bewegt!

ECHTE QUALITÄT IN ALLEM, WAS WIR TUN

Ein Chef hielt einen Vortrag. Wir saßen im Publikum und hörten zu. Der Mann sagte im Brustton der Überzeugung und mit präziser Betonung: *»In allem, was wir tun, in ALLEM, wollen wir echte Qualität liefern!«*

Wir schauten uns an: Blabla! Floskel! Allgemeinplatz! Qualität? Das ist doch das Selbstverständlichste der Welt. Das Einmaleins. Das muss doch ohnehin jeder abliefern. Oder? Hm. *Vorsicht.*

»In allem, was wir tun«, hat dieser Unternehmer gesagt. Ist das wirklich selbstverständlich? Je mehr wir uns nach dem Vortrag in das Thema vertieften, desto mehr ärgerten wir uns über unsere erste Reaktion. Uns fielen zwei Begebenheiten ein.

ERSTENS: WIR WOLLTEN NACH TOKIO

Unsere grandiose Idee: Wir unterstützen ein lokales Reisebüro, indem wir unsere Flüge dort buchen statt im Internet. Wir riefen an – bitte zweimal Business Class Frankfurt – Tokio und retour. Und da wir öfter fliegen, gleich der Hinweis: Wir sind interessiert, regelmäßig telefonisch bei diesem Reisebüro zu buchen. Unsere Hoffnung: Vielleicht kann uns das gegenüber der Buchung via Internet Zeit sparen, weil wir die Flüge nicht mehr selbst heraussuchen und vergleichen müssen. Antwort: »Ja, wir melden uns.« Am nächsten Tag? Kein Rückruf. Am übernächsten Tag? Wir hakten nach. Antwort: »So viel zu tun! Kümmern uns drum!« Am überübernächsten Tag? Nochmal nachgehakt:

»Ach so, ja, tut uns leid. Stimmt ja, machen wir.« Am über-überübernächsten Tag? Da haben wir selbst im Internet gebucht.

ZWEITENS: WIR WOLLTEN EIN NEUES AUTO KAUFEN

Weil wir gerade Zeit hatten, hielten wir bei einem Händler. Rein. Umgeschaut. Verkäufer angesprochen und nach Prospekt gefragt. Antwort:»Ham wir momentan nicht da.« Okay, vielleicht zuschicken? Antwort:»Nee, machen wir nicht. Müssen Sie abholen kommen.« Okay, wann? Antwort:»Oh, weiß ich nicht so genau, hat der Kollege bestellt. Müssten Sie nochmal vorbeischauen …« Raus. Auto woanders gekauft.

Um es deutlich zu sagen: Uns geht es hier NICHT um schlechten Kundenservice. NICHT um fehlende Kundenorientierung. NICHT um die Servicewüste Deutschland. Uns geht es um etwas anderes, auch wenn wir uns (genauso wie vermutlich Sie) bei solchen Vorfällen die Krätze an den Hals ärgern! Der Punkt ist: Äußere Qualität ist selbstverständlich und wird zu Recht vorausgesetzt. Gut. Dass in den beiden Beispielen die äußere Qualität gefehlt hat: Klar! Aber: Alles andere als selbstverständlich ist, dass diese äußere Qualität – also die Kundenorientierung, die Produktqualität, die Servicequalität – nur dann auf Dauer zustande kommen kann, wenn die INNERE QUALITÄT der Arbeit stimmt!

Was wir damit meinen?

Wenn die Reisebüromitarbeiterin oder der Autoverkäufer im Moment des Kundenkontakts mit uns, im entscheidenden JETZT, kein qualitativ hochwertiges Gefühl bei der Arbeit haben, wenn sie nicht spüren, dass das, was sie in genau diesem Moment tun, die Essenz und den Zweck ihrer Arbeit beinhaltet. Wenn sie sich nicht in genau diesem Moment als die genau richtigen Menschen am richtigen Ort fühlen – dann fehlt die innere Qualität. Und dann ist die schlechte äußere Qualität eine unmittelbare Folge dessen.

Wir sind davon überzeugt: Qualität hat nichts mit einem irgendwie definierten Ergebnis inklusive WOW-Faktor zu tun, nichts mit einer durch-nichts-und-niemanden-zu-verbessernden-Perfektion. Der Schlüssel zur echten Qualität hat mehr mit Zen-Buddhismus zu tun … Zen?

Alles, was wir haben, ist das HIER und JETZT.

Dieser eine Moment, diese Aufgabe, dieses Gespräch, dieser Anruf, diese Frage. Egal um was es geht: Wenn diese Kleinigkeit an der fehlenden inneren Qualität scheitert, dann wird es nichts mit dem großen Qualitätsziel im Außen! Nichts. Niemals. Es sind tausend kleine Steinchen, die nichts mit dem Kunden, sondern nur etwas mit dem Selbstverständnis des Mitarbeiters und seiner Einstellung zu seiner Arbeit zu tun haben.

JETZT!

VOM TRIUMPH DES GELANGWEILTEN REGISSEURS

Schon mal die Geschichte vom sagenhaften Erfolg des gelangweilten Stararchitekten gehört? Oder die vom Triumph des Dienst-nach-Vorschrift-Regisseurs? Die legendäre Geschichte des abgestumpften Fußballtrainers? Die Success Story des ausdruckslosen Orchesterdirigenten oder die des gleichgültigen Unternehmers?

Nein?

Eben!

Im Zentrum jeder einzelnen Erfolgsgeschichte, die es jemals gegeben hat, steht mindestens ein leidenschaftlicher Mensch.

Einer, der mitreißt. Einer, der für eine Sache brennt. Einer, der Emotionen weckt!

Im innersten Kern geht es in der Wirtschaft immer nur um eines: Emotion. Punkt. Und zwar in all ihren Erscheinungsformen: Wirtschaft ist Begeisterung, Leidenschaft, Spaß, Erfüllung, Sinn, Freude … aber niemals nur nackte Arithmetik.

Und trotzdem: Schauen Sie sich mal an, wie Wirtschaft erklärt wird. Oder wie wir versuchen, Erfolgsgeschichten zu verstehen: Rational. Analytisch. Emotionslos. Wörter wie Strategie, Vision, Positionierung, Differenzierung, Wachstum, Faktoren, Effizienz, System und Marktführerschaft. Als ob Wirtschaft mehr Physik als Psychologie wäre …

Emotionen scheinen in der Wirtschaft verpönt zu sein. Ein Mitarbeiter, der in seiner Beurteilung Höchstwerte im Bereich Emotion erzielen würde, der gälte als Weichei, als Gefühlsduseliger, als Leichtgewicht, der nicht für den harten Geschäftsalltag taugt. Außerdem gibt es diesen Bewertungspunkt überhaupt nicht.

Emotionen sind in den meisten Unternehmen höchstens etwas für die Werbung, um das Produkt oder die Marke mit Emotionen »aufzuladen« – um es so besser verkaufen zu können. Dabei sind positive Gefühle die entscheidende Antriebskraft und nicht einfach nur die Oberfläche eines jeden Business. Darum haben wir ein paar Fragen an Sie:

Nehmen Sie den emotionalen Kern Ihres Unternehmens bewusst wahr?
Führen Sie mit Emotion?
Verkaufen Sie mit Emotion?
Gestalten Sie mit Emotion?
Kommen in Ihrer internen und externen Kommunikation Wörter vor wie Freude, Vertrauen, Schönheit, Gerechtigkeit ... oder Liebe?

Es lohnt sich, darüber nachzudenken!

W HOTEL: WERTSCHÄTZUNGS- KETTEN STATT NUR WERTSCHÖPFUNGSKETTEN

Vor einem Zelt am Strand von Barcelona bildet sich eine lange Schlange. Über mehrere Tage hinweg wollen insgesamt 4500 Menschen da hinein. Und warten geduldig. Nein, es gibt keine Gratis-Strandliegen-Aktion. Und der Dalai Lama gibt auch keine Audienzen. Der Grund ist schlicht: Das W Hotel stellt Mitarbeiter ein, die hier gecastet werden.

Wenn es in Ihrem Unternehmen ein wenig mühsamer ist, an gute Bewerber zu kommen, dann lohnt es sich, genauer hinzuschauen, wie Hoteldirektor Richard Brekelmans seine neuen Mitarbeiter auswählt und welche Aufgaben sie in seinem Haus bekommen. Denn darin liegt der Grund, warum das W Hotel so engagierte Mitarbeiter hat. Mitarbeiter aus insgesamt über vierzig Nationen, deren Enthusiasmus und radikale Kundenorientierung von der Putzfrau bis hin zum Manager enorm anziehend auf Gäste aus aller Welt wirken.

1) VIELFALT. Jeder Mitarbeiter wird als Talent gesehen, denn jeder hat etwas Interessantes, Wertvolles beizutragen.
2) WERTSCHÄTZUNG. Jeder Mitarbeiter bringt seine besonderen Fähigkeiten ein, weil die Direktion ihn lässt und ihn gegebenenfalls mit Schulungen unterstützt.

3) ERMÄCHTIGUNG. Die Mitarbeiter bilden sich gegenseitig in internen Vorträgen und mit Rollenspielen fort, weil jeder vom anderen etwas Besonderes lernen kann.

4) ENTWICKLUNG.

Und was folgt aus diesen einfachen Prinzipien, wenn man sie konsequent anwendet? Drei Beispiele:

NORMA aus Peru hat elf Jahre in Tokio gelebt, darum spricht sie sehr gut Japanisch. Ein wertvolles Talent! Deshalb ist sie neben ihrer Kernaufgabe auch Spezialistin im W Hotel für die Begrüßung japanischer Gäste, hilft ihnen beim Check-in, führt durch das Hotel und gibt Tipps zu Sehenswürdigkeiten.

JAMAL aus Marokko ist gläubiger Muslim und ein wertvolles Talent. Er erklärt beispielsweise allen Mitarbeitern, was der Fastenmonat Ramadan für muslimische Gäste bedeutet und wie man respektvoll dafür sorgt, dass sie im Hotel ihren Glauben praktizieren können. Neben seiner Kernaufgabe natürlich.

JORDI ist begabt im Bauen von originellen Dingen. Und er liest für sein Leben gern. Zwei wertvolle Talente! Deshalb ist er im W Hotel neben seiner Kernaufgabe zuständig für die Requisiten im Hotel und gibt Literaturempfehlungen: hier ein Himmelbettchen für die jüngsten Gäste bauen, da einem Gast ein Buch empfehlen.

Das ist alles bereits großartig, so sieht gelebte Kundenorientierung aus. Was uns aber verblüfft und pure Freude ins Gesicht zaubert: Norma ist als Reinigungskraft angestellt. Jamal ist Fensterputzer. Jordi ist Müllmann.

Alle Mitarbeiter, egal welcher Gehaltsklasse, werden dazu ermutigt, sich um die Gäste zu kümmern, mit ihnen im Gästelift zu fahren, sie anzusprechen und ihre besonderen Fähigkeiten auszuspielen. Selbstbewusst und auf Augenhöhe im Fünf-Sterne-Luxus-Hotel.

Direktor Brekelmans bietet auf diese Weise den interessantesten Putzjob, den tollsten Mülljob und den attraktivsten Fensterputzerjob der Welt! Und so geht er bei allen vierhundert Jobs vor, die er zu vergeben hat. Das Ergebnis: Leidenschaft pur! Bei jedem einzelnen Mitarbeiter.

Das W Hotel zeigt, wie es gelingen kann, dass der Satz »Die Mitarbeiter sind unser größtes Potenzial« von der Phrase zum Wow-Faktor wird.

So zieht ein Unternehmen Mitarbeiter an, die für ihre Arbeit brennen und für die Kunden einen echten Unterschied machen. Und die Kunden, die genau diesen Unterschied würdigen, sind bereit, gutes Geld dafür zu zahlen.

Wir sind davon überzeugt: In jeder Branche und in jedem Unternehmen ist es möglich, statt nur in Wertschöpfungsketten auch in WERTSCHÄTZUNGSKETTEN zu denken!

I WANT TO STOP YOUR HEART!

Als wir im Juni in New York waren, durfte ein Besuch im Guggenheim Museum nicht fehlen. Was uns den Atem stocken ließ: die Bilder von Mark Rothko! Seine Kunst lässt so gut wie niemanden kalt – auch uns nicht. Man ist entweder heftig beeindruckt und emotional berührt von der Kraft seiner Farben, vor allem wenn man sie im Original gesehen hat. Oder heftig entsetzt vom Grad der Abstraktion.

Einfach nur gut finden? Ganz okay? NIEMALS!

Rothko POLARISIERT.

Das wollte er auch. Ihm graute vor jedem Hauch von Mittelmaß. Um jeden Preis wollte er vermeiden, dass seine Kunst die Betrachter gleichgültig vorbeigehen lässt. Wenn man der Figur folgt, die ihn im preisgekrönten Drama »Red« verkörpert, dann hasste Rothko nichts so sehr wie die typischen Zustimmungsfloskeln: »Wie war dein Tag?« – »Ganz gut.« »Wie schmeckt die Putenbrust?« – »Ganz okay, danke.« »Wie findest du seine Bilder?« – »Ja, gut halt.« So ein Urteil hätte den gebürtigen Balten explodieren lassen! In »Red« sagt er wörtlich:

```
I don't want you to like my
pictures.
I WANT TO STOP YOUR HEART.
```

Wow! Was ist das für ein Anspruch!

Wie tritt ein Maler an die Leinwand mit diesem Ziel im Kopf? Wie agiert ein Unternehmen, das mit »ganz gut« nicht zufrieden ist? Wie handeln Mitarbeiter, denen »gute« Projekte einfach nicht gut genug sind?

Wie sähe die Welt aus, wenn wir Produkte oder Dienstleistungen anbieten würden mit dem Ziel: WE WANT TO STOP YOUR HEART!

BEST BUY CAMP

Kleines Gedankenexperiment zur Einleitung: Wie endet für Sie ein Arbeitstag?

a) Nichts wie raus aus dem Büro! Die Pappnasen dort sehe ich oft genug!
b) Ich schicke eine Mail an alle, um rauszufinden, wer noch Lust hat, ein Bier zu trinken.
c) Rechner runterfahren, Herd anschalten und noch kurz das neue Projekt diskutieren, während die Kollegen den Tisch decken – seit wir zusammenwohnen, ist das Arbeiten viel effektiver.

Es ist ja kein Geheimnis: Wir beide arbeiten nicht nur gemeinsam, sondern leben auch zusammen. Deswegen macht uns Antwort c) auch gar keine Gänsehaut.

Trotzdem verstehen wir es, wenn es dem einen oder anderen bei der Vorstellung, mit den Kollegen nicht nur ein Büro, sondern auch eine Wohnung zu teilen, eiskalt den Rücken runterläuft.

Nicht jeder, der im Anzug ganz passabel aussieht, ist im Schlafanzug ein erfreulicher Anblick. Und Angewohnheiten wie zu lautes Telefonieren oder konzentrierte Selbstgespräche sind im beruflichen Kontext vielleicht noch zu tolerieren, zuhause aber schwer auszuhalten.

Was man dabei aber nicht vergessen sollte:

> Es kann irrsinnig produktiv sein,
> mit den Kollegen mal ohne Zeitdruck
> und in privatem Umfeld über Projekte
> und Perspektiven zu reden.

Der amerikanische Elektronik-Einzelhändler Best Buy hat sich das zunutze gemacht: Viermal suchte die Firma bereits eine Handvoll Verkaufsmitarbeiter aus, die dann bei voller Lohnfortzahlung für zehn Wochen gemeinsam eine Wohnung in Los Angeles bezogen. Das Projekt kostete das Unternehmen jedes Mal 75 000 Dollar plus die Gehälter, doch das Geld ist gut investiert. Die WG-Bewohner auf Zeit waren zwischen 25 und 35 Jahre alt, bekamen gezielt Aufgaben gestellt, die es zu lösen galt, und entwickelten mit Unterstützung eines professionellen Moderators neue Geschäftsideen, die Best Buy umsetzen konnte.

Eine davon ist Best Buy Studio: Kleine Unternehmen bekommen in den Läden von Best Buy zu ihrem neuen Computer auch gleich eine Beratung in Web-Design dazu. Eine gute Idee und so nahe liegend. Dermaßen nahe liegend, dass sie einem externen Berater nie gekommen ist. Und das ist das Spannende an der WG-Idee: Wenn junge Mitarbeiter mit Grips eine WG beziehen und dort nichts anderes tun müssen, als von Frühstück bis Abendessen darüber nachzudenken, wie man die Firma voranbringen könnte, dann wachsen sie nicht nur als Team zusammen, sondern auch auf professioneller Ebene über sich hinaus.

Die Firmen-WG ist gleichermaßen Ansporn und Belohnung – jeder WG-Bewohner ist stolz, dabei sein zu dürfen und gleichzeitig bemüht, zum Erfolg beizutragen.

Best Buy hat erkannt, dass die eigenen Leute die WICHTIGSTE Ressource für innovative Ideen sind. Und wir ergänzen: Kreativität, Eigeninitiative und Leidenschaft stecken potenziell in allen Mitarbeitern. Aufgabe eines Chefs ist es, ein Umfeld zu schaffen, in dem sich dieses Potenzial auch entfalten kann.

Oft braucht man gar keine externe Hilfestellung für neue Ideen. Wer seine Mitarbeiter auffordert, über die Zukunft des Unternehmens nachzudenken, und ihnen zeitlich und finanziell den Freiraum schafft, um dies zu tun, setzt damit innovative und dynamische Prozesse in Gang, die am Ende alle mitreißen.

SEID
UNBEQUEM!

DER ZWEIFEL IM KOPF

Eine Freundin von uns macht Karriere. Sie ist gut in dem, was sie tut. Sie ist talentiert. Sie ist intelligent. Und sie arbeitet für einen großen Konzern – ein guter Ort, um Karriere zu machen.

Es gibt nur einen Haken an der Sache: Ihr Herz gehört einem anderen.

Sie liebt nicht den Konzern, nicht die Branche, nicht ihren Job. Ihr heimlicher Geliebter ist die Kunst. Genauer: das Zeichnen. Und obwohl das landläufig als unvernünftig gilt, kann sie die Finger nicht von ihrem Geliebten lassen.

Ihre Karriere betrügt sie mit ihm schon eine ganze Weile. Zunächst als Hobby, aber in letzter Zeit immer häufiger auch semiprofessionell in Form bezahlter Illustrationsprojekte, zum Beispiel bei Büchern.

Uns gefallen ihr Enthusiasmus und ihre Zeichnungen. Wir fragten sie, ob sie künftig nicht noch deutlich mehr in diese Richtung machen will. Ihre Antwort finden wir einerseits sehr sympathisch, andererseits macht sie uns auch beklommen, weil sie stellvertretend für sehr viele Menschen steht, die in ihrem Job unglücklich sind – und unglücklich bleiben: *»Ich bin mir nicht sicher, ob ich wirklich das Zeug dazu habe …«*

Um es deutlich zu sagen: Diese Haltung ist uns viel, viel lieber als Große-Klappe-nix-dahinter! Aber dieser Zweifel hält auch ziemlich viele von uns davon ab, Dinge zu tun, die unsere Augen funkeln lassen. Wir kennen so einige wirklich intelligente, fähige, kreative Menschen, die sich viel zu häufig viel zu klein machen.

»Wer bin ich denn schon, dass ich so etwas schaffe?«
»Ich bin doch viel zu unerfahren!«
»Ich bin nicht talentiert genug.«
»Mir fehlt noch die Ausbildung dazu.«

Und so weiter und so fort.

Und genau deshalb bleibt das Buch, das sie schon so lange schreiben wollten, ungeschrieben. Genau deshalb verharren sie in ihrem Job, obwohl sie eigentlich schon lange etwas anderes machen wollten. Genau deshalb folgen sie der vermeintlich guten Karriere, obwohl ihr Herz für etwas anderes schlägt.

Wenn diese ewig zweifelnde Stimme in Ihrem Kopf die Oberhand zu gewinnen droht, haben wir einen Vorschlag:

Schieben Sie von innen und lassen Sie sich von außen ziehen!

Um von innen zu schieben, müssen Sie Ihren höchstpersönlichen Antrieb finden. Dieser Antrieb speist sich nicht aus einem riesengroßen Ego – so nach dem Motto: *»Was kostet die Welt! Egal was es ist! Ich schaffe das! Tschaka!«*

Sondern er schlummert in uns drinnen. Bruce Springsteen formulierte es bei einem Fernsehauftritt in der amerikanischen Talksendung von David Letterman so: »I'm pretty good in finding stuff that is meaningful for my fans.« Besser kann man es nicht ausdrücken! Unser dauerhafter Erfolg besteht in der Bedeutung unserer Arbeit für uns selbst UND für die anderen, im gelieferten Wertbeitrag. Die Frage ist: Welchen Unterschied will ich dort draußen machen? Warum ist das bedeutsam – für mich und für andere?

Um sich von außen ziehen zu lassen, suchen Sie sich Gleichgesinnte. Sie geben Ihnen Bestätigung: Ich bin nicht der Einzige, der so tickt. Mit ihnen können Sie Ideen austauschen, ergänzende Fähigkeiten und Fertigkeiten finden und kombinieren, sich gemeinsam für eine Sache einsetzen und vieles mehr. Sie geben Ihnen Inspiration, sie lassen Sie Ihre Motivationsbatterien aufladen.

Aber Vorsicht: Die Gleichgesinnten sind nicht unbedingt die Netten, die Vertrauten, die Angenehmen! Sie finden sie möglicherweise gerade NICHT in der Familie, im Freundeskreis oder unter den Kollegen. Die richtigen Fragen für Sie lauten:

Wen brauche ich in meinem Umfeld, um meine Entschlossenheit für diesen Weg zu stärken?

Wer fordert mich heraus, damit ich besser werde?

Wer stärkt mir den Rücken, wenn ich meinem Herzen folge?

WIE SOLL DAS GEHEN?

Wir freuen uns über die Reaktionen, die unser Buch »Hört auf zu arbeiten!« auslöst, auch über die kritischen Stimmen. Ein recht häufiger Tenor in E-Mails oder Gesprächen ist dabei dieser hier:

»Das zu tun, was wirklich zählt, das wäre schön – aber ihr kennt meinen Chef nicht!«

»Bei uns gibt es leider keinen Spielraum, etwas zu verändern.«

»Ich kriege immer wieder diese Aufgaben auf den Tisch geknallt, die mir alle Energie rauben – wie soll das gehen mit dem Funkeln in den Augen?«

Diese Rückmeldungen gehen genau in die richtige Richtung. Denn wer schon nach dem WIE fragt, hat das WAS bereits akzeptiert. Sobald Sie die innere Haltung einnehmen, dass Sie in Ihrem Lebenswagen nicht der Beifahrer sind, der zu einem unbekannten Ziel chauffiert wird, sondern dass Sie selbst am Steuer sitzen, haben Sie grundsätzlich drei Möglichkeiten, die miese Arbeit trotz aller Zwänge und Vorgaben Schritt für Schritt zu reduzieren.

ERSTENS: WEGLASSEN

Fragen Sie sich: Muss ich das WIRKLICH machen? Oder tue ich es nur, weil es alle tun, weil alle sagen, dass ich es tun muss, weil es schon immer so getan wurde oder weil ich lediglich glaube, dass ich es tun muss? Das ist gar nicht so leicht herauszufinden. Es gibt etliche Leute, die bügeln zum Beispiel noch immer ihre Unterwäsche.

Warum?

Hat Mama auch schon so gemacht. Es war ihnen aber gar nicht bewusst. Die augenöffnende Frage ist: Was passiert, wenn sie es weglassen? Von dieser Sorte gibt es etliche lästige Tätigkeiten im Job.

ZWEITENS: TAUSCHEN

Weglassen können Sie nicht, was unbedingt getan werden muss. Aber wer hat gesagt, dass SIE es tun müssen? Vielleicht können Sie die Tätigkeit delegieren? Jemanden dafür engagieren? Oder tauschen?

Was für Sie miese Arbeit ist, kann für einen anderen eine Lieblingstätigkeit sein. Formulare, Statistiken und Berichte waren beispielsweise für Peter, als er noch an der Wiener Wirtschaftsuni lehrte, die Pest. Aber für seinen Kollegen Rudolf war es die reine Freude. Dafür hatte er keinen Spaß an der Einführungsvorlesung, die wiederum Peter Freude machte. Die beiden tauschten einfach. Voilà!

DRITTENS: VERWANDELN

Manche Dinge können Sie weder weglassen noch tauschen. Den Zahnarztbesuch beispielsweise. Oder, in unserem Fall, zu Auftritten an- und abreisen. Bei den Reisen gibt es immer wieder lästige Wartezeiten, die uns früher genervt haben. Aber nur so lange, bis wir unsere Haltung dazu geändert und damit das Lästige in etwas Sinnvolles verwandelt haben. Wie, das können Sie in unserem Beitrag

»Schluss mit dem Frust« (Seite 146) erfahren. Und seitdem sind die An- und Abreisen kein Problem mehr …

Also: Auch wenn das Regime in Ihrem Job streng ist, in vielen Fällen können Sie trotzdem auf selbstverantwortliche und kreative Weise lästige Arbeit minimieren und Platz schaffen für bedeutsamere Dinge, indem Sie weglassen, tauschen oder verwandeln.

FINDEN SIE IHRE DEFINITION VON ERFOLG!

»Die Gesetze der Sieger-Gewinner-Champions«
»Wie ich es ganz nach oben geschafft habe«
»Drei Schlüssel zum Erfolg«

Da draußen gibt es offenbar eine Menge Leute, die wissen, wo der Hase langläuft. Wie schön, dass sie uns daran teilhaben lassen! Sie tun das mit meterweise Erfolgsratgebern in den Buchhandlungen. Mit Erfolgsseminaren aller Strickmuster. Mit DVDs, Hörbüchern, E-Mail-Kursen, Webinaren. Mit Erfolgstipps kann man ganz schön erfolgreich sein.

Das ist ja auch in Ordnung, denn die Nachfrage bestimmt das Angebot. Allerdings hat die Sache einen gewaltigen Haken: Die überall angebotenen Erfolgsfahrpläne jeder Couleur sind gefährlich. Weil unglaublich verführerisch. Sie gaukeln uns vor, dass es eine klare Gesetzmäßigkeit gibt, wie wir alle Erfolg haben können. Der Weg erscheint anschaulich, nachvollziehbar, gangbar. Und all die Idole und Vorbilder, die ihn schon gegangen sind, wirken wahnsinnig attraktiv: *Folge uns, und du wirst reich und glücklich!*

Dabei stimmt ja schon die Prämisse nicht: Wer sagt denn, dass die Definition anderer Leute von Erfolg auch die Ihre ist? Fakt ist: Nicht jeder will unbedingt Millionär werden. Nicht jeder will sein Kleinunternehmen in ein Imperium von Weltrang verwandeln und sich nach dem Börsengang auf die eigene Karibikinsel zurückziehen. Nicht jeder sieht sein Glück darin, es von der Mietwohnung in der Stadt zur Doppelhaushälfte mit Jägerzaun am Stadtrand zu bringen.

So unterschiedlich wir alle als Individuen sind, so unterschiedlich sind natürlicherweise auch unsere Definitionen eines erfolgreichen und glücklichen Lebens.

Zwei Umstände finden wir am kritiklosen Konsum von Erfolgstipps hochproblematisch.

ERSTENS: Wenn Sie der Erfolgsdefinition eines anderen folgen, dann ist das mit größter Wahrscheinlichkeit nicht Ihre – aber Sie geben diesem anderen damit unglaubliche Macht über Ihr Leben! Sie leben dann den Versuch, den Erwartungen anderer gerecht zu werden. Die Stunden, Tage, Wochen, Jahre, die Sie damit verbringen, erstattet Ihnen aber niemand jemals wieder zurück!

ZWEITENS: Die klaren Parameter und Maßstäbe des Erfolgs, die Ihnen so verkauft werden, normieren den Erfolg und machen ihn so scheinbar objektiv, messbar, vergleichbar. Aber: »Das Vergleichen ist das Ende des Glücks«, sagte Søren Kierkegaard – und recht hatte er! Wie wollen Sie ein schönes Wochenende mit den Kindern messen? Wie wollen Sie ein gutes Gespräch mit Ihrem Chef messen? Wie wollen Sie Ihr Wohlbefinden nach einem morgendlichen Lauf durch den Wald messen? In Euro? Messbar sind immer nur Dinge im Außen.

Außerdem: Es gibt immer jemanden, der mehr auf dem Konto hat. Der früher finanziell unabhängig wird. Der mehr Mitarbeiter »unter sich« hat. Dem Erfolg anderer nachzueifern, das ist der todsichere Weg, auf dem man immer rennt, aber niemals ankommt. Also gerade NICHT erfolgreich wird!

Die Frage, die sich aufdrängt: *Wie finde ich die EIGENE Definition von Erfolg?*

Nein, nein, nein, in diese Falle gehen wir nicht. Wir werden Ihnen definitiv nicht sagen, wie Sie Ihr Glück finden sollen. Das können wir gar nicht. Wir kennen lediglich unsere eigene Definition von Erfolg, und die bringt Ihnen gar nichts. Das Einzige, was wir Ihnen verraten können, ist, wo wir unseren Erfolg NICHT gefunden haben: im Außen.

VON GEGNERN, FANS UND DEM EIGENEN WEG

Bitte, was?

Als wir die Kritik lasen, stockte uns der Atem. Eine Buchrezension mit einem Stern bekommen wir nicht jeden Tag. Und so eine Rückmeldung geht auch an erfahrenen Autoren nicht spurlos vorbei. Ganz ehrlich: Wir hassen das wie die Pest. Es macht uns Bauchschmerzen. Schlechte Laune.

Wieso konnte dieser Leser mit unseren Gedanken nichts anfangen? Was sollten wir beim nächsten Buch anders machen? Und: Wenn wir Grundsätzliches verändern, werden wir dann nicht die anderen Leser, die jetzt begeistert sind, vergraulen? Überhaupt ist das interessant: Manche lieben das Buch, andere können ihm nichts abgewinnen.

Aber: Enttäuschung und Begeisterung sind gar keine Gegensätze! Beides sind starke Reaktionen, zwei Seiten einer Medaille.

Wo es keine Gegner gibt, gibt es auch keine Fans! Wo es keine Ein-Stern-Rezensionen gibt, gibt es auch keine Fünf-Stern-Rezensionen. Ohne Verrisse gäbe es auch keine Jubelrufe. Und dieses Phänomen gilt nicht nur für Bücher, sondern auch für Menschen, Marken, Produkte, Sportvereine …

Je mehr Fans eine Marke anzieht, desto mehr muss sie auch mit Gegnern rechnen. Denn eine starke Marke transportiert immer auch eine starke Botschaft. Sie steht für etwas – und das ruft Emotionen hervor. Und zudem hat es der Absender einfach nicht restlos in der Hand, wie seine Botschaft beim Empfänger ankommt.

Die Frage ist nur: Geht das nicht nach hinten los? Sind Unternehmen, Autoren oder Persönlichkeiten, die allen irgendwie ein bisschen gefallen, nicht besser beraten?

Klar, sie haben vielleicht keine Fans, aber wahrscheinlich auch keine Gegner! Ob ein Buch oder ein Produkt immer mit drei Sternen bewertet wird oder zur Hälfte mit fünf und zur Hälfte mit einem, ist für den Durchschnitt egal. Die Fans werden aufgewogen von den Gegnern, und am Ende hat man nichts gewonnen. Außer vielleicht einen schlechten Ruf.

Negatives bleibt länger im Gedächtnis hängen als Positives. Also sind die Ergebnisse im Durchschnitt gleich? Schlägt das Pendel sogar auf die sichere Seite des Gemäßigten?

Keine Frage, wer einer Marke gegenüber feindselig eingestellt ist, wird oft jede Gelegenheit nutzen, um sie mit ätzenden Kommentaren zu übergießen.

Aber die Erfahrung zeigt bei genauerem Hinsehen überall: Die glühenden Anhänger wiegen den Schaden durch die Gegner und Hetzer bei Weitem auf! Zum einen sind die Fans fast immer deutlich zahlreicher. Zum anderen nehmen sie nicht nur als zahlende Käufer Einfluss, sondern auch durch die Verbreitung ihrer positiven Meinung. Brennen sie für eine Marke, dann tun sie alles, um sie zu verteidigen: in Blogbeiträgen, durch Weiterempfehlungen oder sogar in kleinen, inoffiziellen Kampagnen.

Solche Kunden sind Insider, Freunde, Marketingbotschafter! Und sie schaffen einen Resonanzkörper, der die Schwingungen zwischen Anbieter und Markt verstärkt und die Freude am Produkt sowohl für den Absender als auch für den Empfänger drastisch erhöht.

Für uns steht fest: Wer nicht auch
mal negatives Feedback einsteckt,
ist für niemanden wirklich interessant.

Wer überall zustimmendes Kopfnicken erfährt, kann nicht wirklich originell und außergewöhnlich sein. Wer keine eigene Position bezieht, sich stets bemüht, es jedem recht zu machen und niemandem auf den Schlips zu treten, der versucht einem vermeintlichen Wunschbild zu entsprechen, aber nicht der besten Version seiner selbst. Und dann verkauft er auch nichts – außer vielleicht seine Seele.

Widersacher sind eine unangenehme, aber zwangsläufige Folge des Erfolgs. Man kann sie ignorieren, man kann sie argumentativ direkt angehen, man kann versuchen, sie zu überzeugen.

Aber eins sollte man nicht tun, denn das wäre der größte Fehler: ihnen MACHT geben! Sich vom EIGENEN Weg abbringen lassen!

DINGEND! WICHTIG! EILT!

Wenn wir E-Mails mit solchen Betreffzeilen, mit roten Fähnchen und jeder Menge Ausrufezeichen bekommen, dann freuen wir uns nicht, mal wieder vom Absender zu hören, sondern dann ärgern wir uns. Oder fühlen uns unter Druck gesetzt. Dazu kommen die Anrufe von Kunden, die »in der nächsten Stunde noch« einen Rückruf brauchen, die Zettel des Chefs im Fach, der SOFORT eine Rückmeldung will, die Wünsche von Kollegen, diese Kleinigkeit bitte auch noch dazwischenzuschieben, oder die Erwartungen unbekannter Anrufer, wenn nicht sofort, dann spätestens in einer Minute bedient zu werden.

Das Gefühl, das sich dabei einstellt: Ich habe viel zu viel zu tun! Alle zerren an mir! Mir wachsen die To-Dos über den Kopf! Egal, was ich mache: Ich komme mit dieser Informationsflut einfach nicht zurecht!

Informationsflut?

Unsere Überzeugung: *Es gibt keine Informationsflut!*

    Das Problem ist weniger, dass zu
    viele Anforderungen und Informatio-
    nen täglich auf uns einprasseln -
    sondern vielmehr, dass wir die Macht
    über unsere Zeit preisgegeben haben!

Lesen Sie doch einfach mal zwischen den Zeilen: Was bedeutet eine Betreffzeile mit dem Wörtchen SOFORT eigentlich? Gemeint ist in Wahrheit: *»Ich weiß besser als du, was jetzt wichtig ist und was nicht. Ich weiß besser als du, wem du deine Aufmerksamkeit schenken musst.«*

In Wahrheit ist die Dringlichkeit ein MACHTANSPRUCH. Jemand will Macht über Ihre Zeit und die Reihenfolge Ihrer Aufgaben ausüben. Und zwar alleine aus dem Grund, mit seinem Anspruch in der Reihenfolge nach oben zu rutschen. Der Druck, den Sie spüren, hat überhaupt nichts damit zu tun, dass Sie nicht in der Lage wären, die auf Sie einprasselnden Informationen in die richtige Prioritätenfolge zu bringen. Das können Sie nämlich locker! Wenn unser Gehirn die vielen Informationen wirklich nicht ertragen könnte, müssten wir bei jedem Spaziergang im Wald, bei jedem Besuch eines Shoppingcenters oder auf jeder belebten Straße unter der Informationsflut zusammenbrechen! Aber das tun wir nicht ... Die schiere Masse an Informationen ist also nicht das Problem. Sondern die Tatsache, dass wir nicht selbst entscheiden, wann was unsere Aufmerksamkeit bekommt.

Wenn ich ein Zimmer tapeziere, ist die Antwort auf die Frage »Was ist das Wichtigste, das ich jetzt tun kann?« recht einfach. Wenn der Kleister fertig gequollen ist, wird er nun mal eben aufgetragen. Klare Sache. Da gibt es nichts zu diskutieren, zu priorisieren, dazwischen- oder aufzuschieben. Ganz anders bei den Menschen, die mit Ideen, Wissen, Konzepten arbeiten. Peter Drucker hat gesagt: »Die wichtigste Aufgabe eines Wissensarbeiters ist, seine Arbeit zu definieren und sich immer wieder bewusst zu werden, was tatsächlich Aufmerksamkeit verlangt – und was nicht.«

Deshalb: Zeitmanagement ist eigentlich nur eine Machtfrage.

Und: Wir haben viel mehr Macht, als wir glauben.

DAS GROSSE TROTZDEM

Der neue Vorort »Salt Lake« hat megamoderne Bürohoch-
häuser, in denen junge, nach der neuesten Mode gekleidete
Menschen bei IT-Firmen oder in Call-Centern arbeiten.
Und gleichzeitig gibt es hier noch Laufrikschas, nicht von
einem Fahrrad gezogen, sondern von Menschen – meist
sogar barfuß.

Wir waren im Januar in Kalkutta – eine Stadt der Gegensätze. Unter anderem besuchten wir das Armenhaus
von Mutter Teresa, das »Motherhouse«, in dem sie sich
45 Jahre lang mit ihren Ordensschwestern um die Ärmsten
der Armen gekümmert hat. Für uns war dieses Haus, in
dem sich die Schwestern mit Bescheidenheit und Großher-
zigkeit in den Dienst der Sache stellen, der beeindru-
ckendste Ort in ganz Kalkutta.

Was wir aber nie gedacht hätten: Mutter Teresa hatte
jede Menge Feinde. Man wirft ihr noch heute vor, das Bild
von Kalkutta beschmutzt, die Armen von Hilfe abhängig
gemacht zu haben. Sie habe Kranke falsch behandelt, Hilfs-
gelder an den Vatikan weitergeleitet und den Kontakt
zu reichen Spendern nur zur Eigen-PR genutzt. Von den
heftigen Anschuldigungen ließ sie sich jedoch nie ein-
schüchtern. Sie, so entgegnete sie immer wieder, sei keine
Politikerin und habe keine Zeit, über große Programme
nachzudenken.

Aber ganz zuletzt hat sie auf all die Vorwürfe dann
doch noch geantwortet – auf ihre Art. An die Wand ihres
Kinderheims in Kalkutta ließ sie ein Zitat von Kent M.
Keith eingravieren:

»Wenn Du Gutes tust, werden die Leute Dich beschuldi-
gen, Du hättest eigennützige Hintergedanken.
TU TROTZDEM GUTES.
Wenn Du erfolgreich bist, gewinnst Du falsche Freunde
und echte Feinde.
SEI TROTZDEM ERFOLGREICH.
Wenn Du offen und ehrlich bist, kann es sein, dass Dich
Menschen betrügen.
SEI TROTZDEM OFFEN UND EHRLICH.
Was Du jahrelang aufbaust, kann über Nacht zerstört
werden.
BAU ES TROTZDEM AUF.«

Genau so ist es! Sobald wir unser Ding machen, das durch-
ziehen, was uns wichtig ist, werden sich uns Neider, Nörg-
ler und Missgönner in den Weg stellen. Niemand bleibt
davon verschont. Auch kein Friedensnobelpreisträger!
Aber dann haben wir nur eine einzige Wahl: Das große
TROTZDEM.
Machen Sie Ihr Ding.
Trotzdem!

STEVE MARTIN UND DAS OFT VERSCHWIEGENE GEHEIMNIS HINTER DEM ERFOLG

Ob in seiner Rolle als liebestrunkener Feuerwehrmann mit überdimensionaler Nase in »Roxanne« oder als trotteliger Polizist in »Der rosarote Panther«: Steve Martin scheint der geborene Komiker zu sein. Ein genialer Clown, dem das Talent schon in die Wiege gelegt worden sein muss. Einer, der sicher schon in der Schule die ganze Klasse unterhalten hat. Der das Glück hatte, seine besondere Begabung zum Beruf zu machen. Und heute einer, der vor der Kamera steht und ohne große Anstrengung so richtig witzig ist ... Wirklich?

Was für ein Irrtum!

In seiner Biografie »Born Standing Up: A Comic's Life« kann man nachlesen, wie es wirklich ist: »I did stand-up comedy for eighteen years. Ten of those were spent learning, four years were spent refining and four were spent in wild success.« Zehn Jahre Stand-Up Comedy gelernt, vier Jahre verfeinert. Der Mann hat vierzehn Jahre lang hart an sich gearbeitet, um vier Jahre lang den Erfolg zu ernten!

So hartnäckig sich die Vorstellung auch hält, Talente müssten nur »entdeckt« werden, um groß rauszukommen - uns ist niemand eingefallen, bei dem Talent allein ausgereicht hätte.

Steve Martin hat seine Begabung und Leidenschaft für die Komik verbunden mit Disziplin und Hartnäckigkeit. Was ihn zu einem so guten Komiker macht: Er hat mehr Übungsstunden absolviert als andere.

Also, erster Schritt: sein Element finden. Und wenn das geschafft ist, fängt die eigentliche Arbeit erst an: mit Ausdauer und vielen Übungsstunden so lange durchhalten, bis der Durchbruch kommt ... Jahre später.

Der schnelle Erfolg über Nacht?

Vergessen Sie's!

EINFACH MAL
DIE KLAPPE HALTEN

»Wenn ich meinen Mund nicht geöffnet hätte, dann wäre ich jetzt nicht hier«, steht auf dem Pappschild neben dem frischen Zander, der auf einem Eisbett in der Auslage eines Fischhändlers im französischen Sarrebourg liegt. Wir müssen schmunzeln, als wir das sehen, und gleichzeitig bringt es uns auf der Heimfahrt gründlich zum Nachdenken.

Wir haben einen Beruf, der uns wahnsinnig viel Freude macht. Er verlangt von uns vor allem eine Fähigkeit: sprechen. Und das tun wir mit Leidenschaft. Aber andererseits gilt eben auch: Ab und an ist es angebracht, einfach mal die Klappe zu halten.

Warum? Weil derjenige, der ständig die Welt erklärt, der die Lösungen kennt, der allen sagt, wie es gemacht werden muss, dazu neigt, fertige Antworten zu geben.

Aber Antworten verschließen Türen. Wohingegen Fragen Türen öffnen. Und offene Türen stellen Verbindungen her zwischen Menschen.

Deswegen ist es in vielen Fällen weitaus klüger, vielleicht nur eine Richtung vorzugeben oder ein Ziel zu definieren oder eine gute Frage in den Raum zu werfen – aber dann zurückzutreten, still zu sein und zu warten, was passiert. Auch wenn es schwer fällt! Denn meistens passiert dann jede Menge. Wichtig ist das vor allem bei zwei häufigen Gelegenheiten: beim Delegieren von Aufgaben und bei Meetings.

Wir kennen das doch alle: Wenn wir eine Aufgabe delegieren, ist die Versuchung irre groß, gleich noch eine detaillierte Schritt-für-Schritt-Arbeitsanleitung hinterherzuschieben, vor allem wenn der Kollege fragt: *»Wie soll ich das machen?«* Dann kommt blitzschnell: *»Mach das so und so. Denk dran, dass dies und jenes. Aber pass auf, dass nicht blablabla.«*

Ja, kann man so machen. Ist aber toxisch für die Selbstverantwortung derjenigen, die die Aufgabe übernehmen. Außerdem entsteht so niemals etwas Neues, denn wer Vorgaben befolgt, probiert nichts aus. Es gibt ja scheinbar schon den »richtigen« Weg für diese Aufgabe. Aber stimmt das wirklich?

Wenn Sie das nächste Mal gefragt werden: *»Wie soll ich …?«*, dann antworten Sie doch einfach mal mit einer Gegenfrage: *»Wie würden Sie es machen?«*, *»Was ist Ihr Vorschlag?«* Oder sagen Sie schlicht: *»Ich weiß es nicht.«* Und dann schweigen Sie …

Auch in Meetings ist die Versuchung groß, zu reden, zu reden und zu reden, um den eigenen Standpunkt zu erläutern, um zu überzeugen oder auch, um etwas durchzudrücken. Aber wie viel erfahren Sie, während Sie reden? Was würde passieren, wenn Sie im Meeting die Einfach-mal-die-Klappe-halten-Methode praktizieren würden? Zuhören? Schauen, in welche Richtung es läuft? Verstehen? Vielleicht kommt als Ergebnis ja genau das heraus, was Sie auch wollten, ganz ohne Ihre Intervention? Oder vielleicht hat plötzlich jemand, der sonst üblicherweise nicht zu Wort kommt, einen genialen Vorschlag? Überlegen Sie mal, wie es wäre, wenn Sie einfach nur ab und zu eine weiterführende Frage in den Raum stellen würden. Ohne die Antwort gleich selbst zu geben!

Das ist insbesondere immer dann besonders wirksam, wenn Sie die Person mit der höchsten formalen Macht im Raum sind. Denn Fragensteller sind WEICHENSTELLER.

CORPORATE TROUBLEMAKER

Störungen?

Finden wir gut!

Na gut, nicht alle Störungen und nicht immer, aber es gibt eine sehr nützliche Sorte, die unter Artenschutz gestellt gehört.

In der Kybernetik kennt man das vom Regelkreis: Ein System korrigiert sich selbst in etlichen Schleifen immer weiter, bis es den energieärmsten Zustand angenommen hat. In diesem Minimumzustand verharrt es statisch bis in alle Ewigkeit. Außer es kommt eine Störung von außen: Dann reagiert das System erneut, Leben kommt in die Bude, an allen Ecken und Enden tut sich was, bis wieder erneut eine Energiesenke gefunden wurde.

Energiesenke? Erinnert Sie das an etwas? Doch hoffentlich nicht an Ihr Unternehmen oder Ihre Abteilung … Aber es gibt sie, die Unternehmen, die so lange erfolgreich sind, bis der Erfolg weg ist. Wenn es gut läuft, schalten sie alle Störungen von außen ab, begeben sich sozusagen in den Tiefschlafmodus des Erfolgs und verharren darin, bis sie völlig verblüfft feststellen, dass sie den Anschluss verloren haben, weil der Wandel der Umstände um sie herum jahrelang keinerlei unternehmerische Reaktionen provoziert hat – weil eben Störungen unerwünscht waren.

Um nicht in diese Falle zu tappen, um dynamisch zu bleiben, zu reagieren, sich zu verändern, sich weiterzuentwickeln, braucht es ständige Störungen des Normalbetriebs. Unterbrechungen der Routine. Hinterfragen von Überzeugungen.

Erfolgsmuster müssen auf den Prüfstand. Heilige Kühe müssen geschlachtet werden. Obwohl es natürlich nervt und bisweilen schmerzt.

Aber Störungen sind ein Wert PER SE! Die Frage ist nur: Wie kommt die Störung sinnvoll in das Unternehmen? Wer spielt schon gerne den Störenfried? Die Karriere befördert diese Rolle sicher nicht. Denn die meisten Unternehmen propagieren zwar Querdenken und Ideenreichtum, aber wenn es zum Schwur kommt, werden die Angepassten belohnt und nicht die Unbequemen!

Freiwillige Störenfriede werden sich also kaum finden lassen. Aber es gibt da eine Möglichkeit: Unternehmen sollten die Rolle des Störers institutionalisieren! Wie das funktionieren kann, haben wir in dem Buch »The Corporate Fool« von David Firth, Ian Pollock und Alan Leigh entdeckt. Was witzig und ungewöhnlich klingt, ist eine prima Idee: Barak Rosenbloom hatte beim U.S. Department of Labor zwei Jahre lang den Jobtitel des »Troublemakers« inne:

»I came to shake things up. And I did it.«

Hört sich lässig an wie ein Revolverheld, der die Gangster im Wilden Westen mal so richtig aufmischt. Aber eigentlich ist er eher so etwas wie der Hofnarr: Endlich darf ein Untertan den König kritisieren! Das sagen, was alle denken. Dem Herrscher den Spiegel vorhalten, was dem Fußvolk den Kopf kosten würde.

Die offizielle Erlaubnis, ja die Verpflichtung zur Kritik führt dazu, dass sich die Kultur im Unternehmen ändert.

Das Hinterfragen ungeschriebener Regeln und scheinbar unabänderlicher Überzeugungen wird nicht mehr länger als Verrat an der Sache betrachtet, sondern als Beitrag zur Zukunftsfähigkeit des Unternehmens.

Darauf sind auch schon andere Unternehmen gekommen, darunter Weltfirmen. Ihre Lösungen klingen so: Chief Imagination Officer, Minister of Progress, VR Evangelist, Director of Bringing in the Cool People, Senior Creatologist, Chief Growth Officer, Journey Manager.

Das klingt stets lustig, locker, flockig. Aber wir haben verstanden: Die Erlaubnis zum Irritieren und Provozieren ist ein verantwortungsvoller und existenzerhaltender Job!

AN DER GRENZE BEGINNT NEULAND

Von Störern, Piekern, Querulanten und
Menschen, die auch mal irritieren

»*Das viele Reisen in meinem Beruf*
hat einen hohen Lästigkeitswert.«

So wird Deutschlands prominentester Unternehmens-
berater Roland Berger zitiert. Wir wissen nicht, ob er das
wirklich gesagt hat. Für uns jedenfalls gilt: Das viele Reisen
in unserem Beruf lässt uns immer wieder äußerst interessante und spannende Menschen treffen. Das lieben wir!

So auch neulich bei einem Vortrag in Österreich. Anja
kam gerade von der Bühne, wo sie über den Zusammenhang von Heterogenität und Innovation gesprochen hatte:
Neues gedeiht schlecht in Monokulturen, Vielfalt befruch-
tet und Neues entsteht nicht aus Altem. Ein Mann aus dem
Publikum kam auf sie zu, um ihr zu ihrem Vortrag zu gra-
tulieren. Und um ihr von seiner persönlichen Erfahrung
mit Heterogenität und Innovation zu erzählen.

In seinem Unternehmen gehört es zum Standard, regelmäßig gezielt ausgesuchte Menschen einzuladen, die
von ihrem Leben und ihrer Sicht auf die Welt berichten.
Ziel ist dabei nicht, konkrete Probleme zu lösen, sondern
den Horizont der Mitarbeiter zu erweitern. Die Gäste sind
Autoren, Kindergärtner, Regisseure, Köche, Musiker …
oder eben auch Biobauern.

Besonders dieser denkwürdige Abend mit dem Biobauern, so erinnerte sich Anjas Gesprächspartner, war im

Vorfeld von den Mitarbeitern mit Vorfreude und Spannung erwartet worden: Ein Landwirt kommt zu einem Kunststoffhersteller. Interessant!

Doch der Abend entwickelte sich anders als gedacht. Statt einen netten, inspirierenden Vortrag über Bio-Landwirtschaft zu halten, verpasste der Bauer seinen Gastgebern eine Stunde lang eine verbale Ohrfeige nach der anderen: Kunststoff? So ein mieses Produkt! Fossile Rohstoffe verarbeiten, die nicht erneuerbar sind! Biologisch schwer abbaubares Material produzieren, das nicht in den natürlichen Rohstoffkreislauf passt und kaum recyclebar ist! Wie kann man nur! Was für eine Sauerei!

Nein, dieser Abend entgleiste vollkommen. Statt einem interessanten Vortrag, erfrischender Inspiration und anregenden Ideen hagelte es Kritik und heftige Vorwürfe. Alle waren enttäuscht und gehörig vor den Kopf gestoßen. Gegensätze wirken befruchtend? Ach ja? Das hatte sich der Chef des Unternehmens aber anders vorgestellt!

Aber das war noch nicht das Ende der Geschichte, denn ab da wurde es erst richtig interessant. Die irritierende Kritik des Biobauers hatte den Ehrgeiz der Ingenieure geweckt. Sie fühlten sich herausgefordert. Und überlegten. Tüftelten. Rechneten. Testeten … Schließlich präsentierte die Gruppe aus der Entwicklungsabteilung dem Chef ein völlig neues Produktkonzept: biologisch abbaubare Kunststoffe!

Plötzlich wurde das riesige Potenzial offenbar, das sich hinter dem Eklat mit dem Biobauern verborgen hatte. Ein Zukunftsmarkt tat sich auf – und das nur, weil der streitbare Gast die Ingenieure in ihrem Stolz getroffen hatte. Die extrinsische Irritation war in intrinsische Motivation umgeschlagen. Und das verlieh dem ganzen Unternehmen einen gewaltigen Schub.

Anjas Gesprächspartner hatte leuchtende Augen, während er ihr erzählte, wie die Konfrontation mit einem anders denkenden Menschen sein Unternehmen zuerst irritiert, dann motiviert und schließlich verändert hatte. Wir sehen darin ein allgemeingültiges Prinzip:

Wer sich bewusst anderen Reizen, Menschen und Gedanken aussetzt, anders als den gewohnten, vertrauten, bequemen, der wird angeregt, aktiviert und verändert sich.

Was dann folgt, ist das, was wir QUERDENKEN nennen.

Am nachhaltigsten wirkt dieser Blick über den Tellerrand, wenn Sie den Mut haben, sich auch unangenehmen Impulsen auszusetzen: Störer, Pieker, Querulanten, Menschen, die auch mal irritieren, sind zunächst nur schwer auszuhalten. Sie bringen uns an unsere Grenzen. Aber genau da, an unseren Grenzen, beginnt das Neuland.

BASECAMP:
DER LOHN DER FREIHEIT

Basecamp, bis Anfang 2014 noch bekannt als 37signals, ist ein extrem spannendes Unternehmen. Zu vielen Aspekten einer neuen, zeitgemäßen Art zu denken und zu wirtschaften kann diese kleine aber feine Software-Schmiede aus Chicago die passenden Beispiele liefern. Zum Beispiel in Sachen Mitarbeiterführung.

> Der große Trend im Umgang mit den Mitarbeitern geht in eine ganz klare Richtung: Freiheit!

Dazu haben wir ausführlich Stellung genommen in unserem Buch »Nur Tote bleiben liegen«. Die Herausforderung dabei ist immer die individuelle Ausgestaltung im jeweiligen Unternehmen. Wird sich der große Vertrauensvorschuss, den das Unternehmen den Mitarbeitern gewährt, nicht nur für die Mitarbeiter, sondern auch für das Unternehmen auszahlen? Wird es Mitarbeiter geben, die die Freiheit ausnutzen und Schaden anrichten? Können die Mitarbeiter mit ihren neuen Spielräumen wirklich produktiv umgehen?

Jason Fried, Mitgründer von Basecamp, bestätigt, dass die mutigen, kreativen Lösungen seines Unternehmens funktionieren. Und dass alle Beteiligten dabei mehr gewinnen als verlieren. Dazu drei Beispiele.

KREDITKARTEN FÜR ALLE!

Ja, jeder bekommt eine Firmenkreditkarte. Und zwar lediglich mit der Bitte, diese verantwortungsvoll zu nutzen. Ob der Mitarbeiter das tut, bleibt ihm selbst überlassen, denn niemand muss seine Ausgaben absegnen lassen oder am Monatsende Rede und Antwort stehen.

Die Abrechnung wird abgegeben. Das war's.

Mit welchem Ergebnis?

Jason Fried sagt: Das System wurde nicht ein einziges Mal ausgenutzt. Die Mitarbeiter übertreffen alle Erwartungen. Sie nehmen ihre Ausgaben seither noch ernster und haben die Kosten im Griff.

DANN BLEIBT DOCH ZUHAUSE!

Es ist nicht so wichtig, ob ein Mitarbeiter einen oder vier Tage krank ist. Er soll vor allem gesund werden.

Das Gleiche gilt für den Urlaub: einfach nehmen. Dann, wenn man es für richtig hält, und so lange man ihn braucht.

Bei einer Firma mit rund vierzig Mitarbeitern wie Basecamp ist das ein Risiko. Aber anstatt in den verwaisten Firmenräumen seinem eigenen Echo zu lauschen, muss Jason Fried seine Mitarbeiter eher daran erinnern, endlich mal ihren Urlaub zu nehmen. Oder doch bitte zuhause zu bleiben, wenn es ihnen mal nicht so gut geht. Denn diese kommen gern zur Arbeit und haben Spaß an ihren Projekten.

DU DENKST, DU KANNST ES BESSER?
OKAY, LEG LOS!

Bei Basecamp wechselt der Teamleiter jede Woche. Weil so jeder Einzelne kapiert, warum Dinge auf die eine oder andere Art gemacht werden müssen. Weil jeder die Chance bekommt, seine Ideen auszuprobieren und umzusetzen. Und weil so auch jeder mal Ansprechpartner für die Probleme der anderen ist. Der Effekt: Es wird kaum noch gemeckert. Weil jeder Mitarbeiter in die Abläufe eingebunden ist und das Unternehmen aus verschiedenen Blickwinkeln betrachten kann. Und weil sich so Verantwortung einüben lässt. Wer hätte gedacht, dass sich auf so einfache Art und Weise Harmonie einstellt?

Freiheit beim Geldausgeben, Freiheit bei der Entscheidung über die eigene Anwesenheit, Freiheit zu führen: Die drei kleinen Neuerungen von Basecamp erfordern Mut, aber bewirken Wunder. Sicherlich auch, weil sie zur Unternehmenskultur passen.

Wer in einem traditionell geführten Unternehmen mit unbeweglichen Strukturen arbeitet, fragt sich jetzt wahrscheinlich: Und wie soll das in meiner Firma gehen?

Natürlich lässt sich der Weg von Basecamp nicht eins zu eins kopieren. Aber vielleicht kommen Sie einen Schritt weiter, indem Sie zuerst die Frage anders formulieren: Was kann ich tun, um in meinem eigenen Umfeld verkrustete Strukturen aufzubrechen und Veränderungen einzuleiten?

Wer darauf wartet, dass die Revolution zu ihm kommt, wird sie NIE erleben.

NETFLIX: DIE FREIHEIT, SICH SELBST FREI ZU GEBEN

»Ihr zählt nicht die Zeit, die ich arbeite. Wieso also zählt ihr die Zeit, die ich nicht arbeite?«

Auf diese mutige Frage eines der sechshundert Angestellten des amerikanischen Online-Filmverleihers Netflix hatte Vorstandschef Reed Hastings keine Antwort. Seine Leute arbeiteten oft noch von zu Hause aus an Projekten, saßen bis tief in die Nacht an Problemlösungen und kreativen Konzepten. Wollten sie aber spontan einige Tage freinehmen, zum Beispiel, weil ein Familienmitglied Unterstützung brauchte, dann stand das Urlaubsmodell der Firma im Weg.

Angeregt durch die Frage des Mitarbeiters beschloss Hastings, einen Versuch zu wagen: Er übergab seinen Mitarbeitern die volle Verantwortung für ihren Urlaub. Die volle Verantwortung! Zehn Tage im Jahr? Oder vierzig? Alles am Stück? Oder jede Woche einen freien Tag? Einschränkungen gibt es … keine! Es gibt lediglich eine Regel: Die Chefs müssen wissen, wo die Urlauber sind und ob deren Arbeit erledigt ist oder von einem anderen übernommen wird.

Dass dieses Vertrauen auf beiden Seiten auch einiges an Disziplin erfordert, versteht sich von selbst. Mitarbeiter, die jahrzehntelang in behördenähnliche Strukturen eingebunden waren, fühlen sich von solchen Freiheiten vielleicht überfordert – manche nehmen aus Angst gar keinen Urlaub, andere reizen das Angebot aus und schaden damit bewusst oder unbewusst den Kollegen.

Natürlich ist es tausendmal einfacher, zum Chef zu gehen und sich sagen zu lassen, was zu tun ist. Genauso wie es für den Chef unkomplizierter ist, wenn er über die Arbeitszeit und Anwesenheit seiner Angestellten bestimmen kann. Aber:

Mitarbeiter wie Erwachsene zu behandeln, die eigene Entscheidungen treffen und volle Verantwortung tragen, erfordert Mut.

Und manchmal auch die Kraft, einem nach Anweisungen fragenden Mitarbeiter zu signalisieren: Not my business. Klär's mit deinen Kollegen.

In unserem Buch »Nur Tote bleiben liegen« beschreiben wir genau das: Wie viel Energie es braucht, sich aus alten Denkmustern zu lösen und auf die »Selbstfähigkeiten« zu setzen. Selbstdisziplin, Selbstorganisation, Selbstverantwortung, Selbsteinschätzung, Selbstkontrolle, Selbstsicherheit, Selbstvertrauen.

Und wie wichtig es ist, ein klares NEIN zu formulieren, wenn es um eine weitere »Selbstfähigkeit« geht: die Selbstausbeutung.

Wer ständig erreichbar ist und seinen Schreibtisch überall spontan aufschlagen kann, muss lernen, Grenzen zu ziehen und für sich zu entscheiden, wann es an der Zeit ist, das Handy auszuschalten, den Computer herunterzufahren und Urlaub zu machen. Das hat wiederum eine Menge mit einem gesunden Trieb zur Selbstbehauptung und Selbsterhaltung zu tun. Chefs dagegen müssen lernen, diese Grenzen als Selbstverständlichkeit zu akzeptieren.

Und NEIN, niemand hat behauptet, dass das alles einfach ist. Aber wir glauben daran, dass es langfristig der richtige Weg ist. Und dass man sich besser jetzt schon darauf vorbereitet. Die Veränderung ist unausweichlich.

Das Arbeitsmodell der Zukunft heißt nicht »9 bis 17 Uhr«, sondern »Es ist deine Zeit. Teile sie dir selbst ein.«

DIE ELEFANTEN-OHNE-STOSSZAHN-METHODE
Auch für Unternehmen geeignet

Vor mehr als 200 Jahren wurde Charles Darwin geboren, vor über 150 Jahren erschien sein Werk »Über die Entstehung der Arten«. Letzten Winter haben wir Darwins Thesen quasi live überprüft: in Südafrika, in KwaZulu-Natal.

Wir waren auf einem »Morning Walk«, um kurz nach Sonnenaufgang nach Elefanten Ausschau zu halten. Unser Wildhüter wollte unsere Erwartungen dämpfen: »Elefanten mit großen Stoßzähnen werdet ihr kaum sehen.« Große Stoßzähne hat Mutter Natur nämlich per Evolution kurzerhand abgeschafft.

Wieso das? Weil die Evolution ein feines Gespür für sich wandelnde Märkte hat: Waren früher Elefanten mit großen Stoßzähnen der Renner, sind sie heute das Ziel von Wilderern und haben deshalb leider kaum mehr Chancen, sich fortzupflanzen. Die entsprechenden Gene waren ruckzuck aus dem Verkehr gezogen, in biologischen Maßstäben eine Blitzrückholaktion. Ein anderes Modell hat plötzlich viel bessere Marktchancen: der »Tuskless Elephant« – der ohne Stoßzähne.

Das Leben kann keine Voraussagen machen, keine Veränderungen vorwegnehmen - aber es kann sich unglaublich clever anpassen.

Und das ganz offensichtlich verblüffend schnell. Das Überlebensprinzip lautet: Vielfalt und Auslese – immer neue Varianten ausprobieren und ständig dazulernen. Erfolg und Misserfolg sind beides wertvolle Informationen über die richtige Richtung. Wer experimentiert, ist klar im Vorteil.

Mit diesem Prinzip bleiben Unternehmen auch dann am Markt, wenn sich das Umfeld rasch ändert. Es ändert sich derzeit immer schneller und überraschender. Und die Unternehmen mit den großen Stoßzähnen – bleiben auf der Strecke.

»Warum gelingt es der Nation, die uns einst dazu brachte, Autos zu lieben, nicht, eine einzige Familienlimousine zu bauen, die den Stil, den Spaß und die Anmut der Autos der 40er, 50er und 60er widerspiegelt?«, fragte Sänger und Aktivist Bono kürzlich in seiner New York Times-Kolumne. Die Antwort ist offensichtlich: Die amerikanische Automobilindustrie liebt große Stoßzähne!

Wer auf den Märkten von heute bestehen will, darf sich nicht einfach nur hinter seiner Jahrzehnte anhaltenden Erfolgsgeschichte verschanzen. Vieles ist einfach nicht planbar. Ob diese »Überraschungen« einem Unternehmen nutzen oder schaden, hängt davon ab, ob es aktiv in die Prüfung von Alternativen zum Status Quo investiert.

ERFOLG TREIBT UNS ZUR BEGEGNUNG MIT DEM TEUFEL

James Dyson, britischer Unternehmer, Erfinder des beutellosen Staubsaugers, Self-Made-Milliardär und Tüftler der Extraklasse, hat wieder etwas Neues: Einen Ventilator ohne Rotorblätter. So weit, so gut. Was wir persönlich an dieser Innovation besonders spannend finden, ist ihre Entstehungsgeschichte: Der so genannte Air Multiplier wäre niemals entwickelt worden, wenn nicht eine Fehlfunktion bei einem anderen Produkt, dem Airblade Händetrockner, das Interesse der Ingenieure geweckt hätte.

»Wir mussten am Anfang nicht wirklich, was wir damit anfangen sollten«, sagt Dyson. Es schien zunächst eine unbedeutende Fehlfunktion zu sein, die die Leistung des Händetrockners nicht einmal beeinträchtigte. Aber das Dyson Team beseitigte diesen Fehler nicht nur, sondern experimentierte herum und überlegte, was man damit Interessantes anfangen könnte. Und so entstand schließlich die Idee, daraus einen innovativen Ventilator zu machen. *Das finden wir genial!*

Experimente machen: gut. Eine fehlerfreundliche Unternehmenskultur: auch gut. Aber viel wichtiger ist: eine ergebnisoffene Denkhaltung.

Zu akzeptieren, dass man nicht alles planen kann. Dass sich die spannendsten Dinge manchmal von selbst entwickeln, wenn man es zulässt.

»Irrtümer erzeugen Freiräume für Experimente und verleihen uns somit die Fähigkeit zur Innovation, der Erfolg aber treibt uns zur Begegnung mit dem Teufel«, hat Robert Redford gesagt. Der Mann hat recht.

SEID
ANSPRUCHS-
VOLL!

WENN DIR DER FILM NICHT GEFÄLLT, DANN GEH!

Mexico City war eine absolut aufregende Stadt, keine Frage. Aber: Alles, was wir sehen wollten, hatten wir bereits gesehen – und trotzdem hatten wir noch ein paar Tage Zeit. Also überlegten wir: Was wollen wir jetzt noch unternehmen? Okay, wir könnten doch auch noch ... STOPP!

Ja, könnten wir, wollen wir aber nicht! Den Rest der Reise irgendwie rumbringen? Shoppen gehen? Im Straßencafé die Zeit abhängen? Wir schauten uns an und wussten: Das Ende unserer Reise bestimmen wir selbst – und das Ende ist jetzt! Wir buchten kurzerhand unseren Flug um und packten die Koffer. Unsere Zeit ist uns zu wertvoll und unser Leben zu kurz, um es mit mittelmäßigen Irgendwie-geht-es-ja-noch-Aktivitäten zu verbringen. Und mit diesem vorzeitigen Abbruch ging es uns blendend!

Fade Dinge abzubrechen und sich Interessanterem zuzuwenden ist einfach sinnvoll. Warum? Mit den Opportunitätskosten ließe sich das prima erklären: Die Zeit, die Sie dafür verwenden, sich durch ein schlechtes Buch zu quälen, könnten Sie dafür investieren, ein sehr viel besseres Buch zu lesen. Aber darum geht es uns nicht. Es geht uns nicht um die Alternativen, die uns entgehen. Und auch nicht um eine Kosten-Nutzen-Optimierung.

Es geht uns um eine ganz bestimmte Lebenseinstellung: offen zu sein.

> Wir wollen Neuem eine Chance geben,
> Dinge ausprobieren und Erfahrungen
> sammeln.

Das können wir aber nur, wenn die Kanäle für die Aufnahme von Neuem offen sind. Jede Gelegenheit, einen Kanal freizuräumen, ist uns daher hoch willkommen. Deshalb sagen wir, wenn uns etwas nicht gefällt, auch sehr schnell und ganz klar: STOPP!

Wie ist es mit Ihnen? Wagen Sie den Absprung, wenn Ihre Begeisterung fehlt? Es ist Ihre Entscheidung: im Kino bei einem miesen Film bis zum Ende durchhalten – oder nach zwanzig Minuten den Saal verlassen und das Ticket verfallen lassen. Im Restaurant sitzen bleiben, auch wenn die Speisekarte Sie nicht wirklich anmacht und es viel zu voll und zu laut ist – oder den mühsam ergatterten Tisch räumen. Darauf zählen, dass das langweilige Buch im letzten Drittel besser wird – oder es für immer zuklappen.

Für einen Kosten-Nutzen-Rechner gibt es den Ausschlag, dass das Ticket gekauft, der Tisch reserviert oder das Buch bezahlt ist. Für den Neugierigen ist das egal. Er nimmt sogar Stornogebühren in Kauf!

Das Fernsehprogramm macht Sie nicht an?

Schalten Sie aus!

Sie finden die Schmidts langweilig?

Dann treffen Sie sich halt nicht mehr mit den Schmidts.

Ihnen gefällt dieser Beitrag nicht?

Dann hören Sie auf zu lesen!

STOPP!

BILLIGE PLÄTZE AM SPIELFELDRAND

Wir lieben Kritik!
Aber, ganz ehrlich, außerdem hassen wir Kritik. Kritik ist nämlich nicht gleich Kritik.

In unseren Büchern und mit unseren Vorträgen wollen wir Menschen Mut machen, für etwas einzustehen, etwas zu bewegen – in ihrem Unternehmen und in ihrer Welt. Daran hängt unser Herz. Viele unserer Leser und Zuhörer teilen diesen Spirit, das spüren wir in vielen Mails und Gesprächen. Sie begnügen sich nicht damit, darauf zu warten, dass der Wind in ihre Richtung weht, sondern sie stehen auf. Sie handeln. Sie bewegen.

Aber klar ist auch: Sobald du für eine Sache einstehst, sobald du etwas anstößt – und sei es nur ein kleines Rädchen in einem großen Räderwerk –, dann hagelt es Kritik! Dann kommen die destruktiven Skeptiker aus ihren Löchern, jene Menschen, die sich dazu aufgerufen fühlen, alles schlecht zu reden, alles im Ansatz zu zerreißen, jedes neue Ideenpflänzchen noch im Keim zu ersticken.

Natürlich bringt uns das auf die Palme! Um wieder runter auf den Boden zu kommen, hilft uns dann ein wunderbares Zitat von Theodore Roosevelt:

»Nicht der Kritiker zählt, nicht derjenige, der darauf hinweist, wie ein starker Mann strauchelt oder wo ein tätiger Mensch etwas hätte besser machen können.
Das Ansehen gebührt dem Menschen, der sich tatsächlich in der Arena befindet, dessen Gesicht mit Staub, Schweiß und Blut verschmiert ist und der mutig kämpft und dabei irrt ...«

Dieses Bild finden wir wunderbar.

Unser Respekt gehört den Menschen, die in der Arena für eine Verbesserung, eine Idee oder eine Sache mit offenem Ausgang kämpfen.

Und die Menschen, die sich erdreisten, von den billigen Plätzen auf der Zuschauertribüne herunterzupfeifen, diese Mister-Ich-weiß-alles-besser, die selbst noch nie etwas riskiert haben, diese selbstgerechten Trolle, die am Spielfeldrand stehen und ungefragt Häme verbreiten (vor allem im Internet tummeln sie sich!) – sie können uns den Buckel runterrutschen!

Denn sie zählen nicht.

Und trotzdem: Es gibt auch noch eine andere Sorte Kritik. Eine, die zählt, auch wenn sie selten ist. Und diese Kritik kommt von jemandem, der – so formuliert es Roosevelt – selbst »größte Begeisterung und höchste Hingabe kennt, der sein Leben für eine ehrenwerte Sache investiert«, der selbst in der Arena kämpft und aus eigenem Erleben weiß, wovon er spricht.

Wenn ein solcher Mitstreiter mit Respekt konstruktive Kritik übt, dann sagen wir: DANKE!

Und versuchen, es das nächste Mal besser zu machen.

»TO DO« OR »TO DON'T«, DAS IST HIER DIE FRAGE!

Nein, wir wollen kein Fast Food essen und auch keine Fertigmahlzeiten! Und wir wollen nicht fernsehen! Und Tagesnews konsumieren oder am iPad rumspielen und die Zeit totschlagen – nein! Wir wollen unsere Zeit auch nicht mit Menschen verbringen, die uns nerven, und wir wollen keinen Smalltalk aus Verlegenheit führen!

Das alles und noch viel mehr wollen wir nicht – aber nicht, weil wir irgendwas verteufeln wollen oder weil wir glauben, dadurch bessere Menschen zu sein. Wir wollen diese Dinge einfach deshalb nicht, weil wir für uns persönlich beschlossen haben, dass sie überflüssig sind.

Vor etwa einem Jahr haben wir den Entschluss gefasst, alles, was wir nicht mehr tun wollen, auf eine Liste zu setzen, sozusagen auf unseren ganz privaten Index: unsere To-Don't-Liste!

Seit damals ist uns erst so richtig bewusst geworden, wie viele alltägliche Kleinigkeiten uns den Kopf verstopfen, ohne dass wir das bewusst wahrnehmen. Immer wenn wir uns sagen: »Na, das hätten wir uns aber echt sparen können« oder »Das hat's doch wirklich nicht gebracht« – dann wird dieses misslungene Stückchen Alltag auf die Liste gesetzt und damit ein für alle Mal entsorgt: Reizmüll, Bekanntschaftsmüll, Konsummüll, Newsmüll, Nahrungsmüll.

Dazu braucht es erstens Selbstreflexion, um das für uns Wichtige vom Überflüssigen zu trennen. Außerdem Selbstvertrauen, um Nein zu sagen und sich nicht darum zu scheren, was die anderen über uns denken. Und ebenso braucht es Selbstdisziplin, denn die Liste macht nur dann Sinn, wenn wir sie ernst nehmen und all diese Dinge tatsächlich nicht mehr tun.

Aber der Lohn für diese Mühe ist gewaltig: Wir hätten vorher nicht geglaubt, wieviel Zeugs wir in unserem Leben akzeptieren, obwohl wir ohne all das eigentlich wunderbar auskommen.

```
Das Lähmende, Energiesaugende,
Fremdbestimmte einfach wegzulassen,
hält uns den Kopf frei fürs Wesent-
liche.
```

Bei uns ist das kreatives Denken und Schreiben, Ideen zusammenführen, Inhalte produzieren. Plötzlich ist viel mehr Raum dafür da! Deshalb sollten Sie sich fragen:

Was ist das Wesentliche für Sie?
Und welche Unwesentlichkeiten stehen dem
alltäglich im Weg?

Wir haben für uns jedenfalls herausgefunden: Etwas NICHT zu tun ist eine ebenso wichtige Entscheidung wie etwas zu tun – wenn nicht noch wichtiger.

90 MINUTEN GEGEN STRESS

Ja, es stimmt: Unterbrechungen machen Stress. Der »Stressreport Deutschland« bestätigt, dass »bei der Arbeit gestört und unterbrochen zu werden« subjektiv empfunden zu den wichtigsten Stressauslösern zählt.

Ja, es stimmt: Wir werden ständig unterbrochen. Der kanadische Management-Professor Henry Mintzberg hat für sein Buch »Managing« 29 Führungskräfte besucht und jeweils einen Tag lang begleitet. Darüber schrieb er: »Ich erlebte einen Arbeitsalltag voller Hektik und Druck.« Und weiter: »Vor allem wird die ganze Zeit reagiert. Ständig mussten die Manager Sachen erledigen, die auf sie zukamen.«

Ja, es stimmt: Zum ganz normalen Joballtag gehören fremdbestimmte Unterbrechungen wie die Rückenflosse zum Hai. Der Business-Vordenker Jason Fried von der Softwareschmiede Basecamp aus Chicago nennt die größten Unterbrecher und Arbeitsverhinderer die ganz normalen M&M's: Meetings und Manager.

Dass es stimmt, haben auch wir so erlebt. Dies machen, das machen, jenes machen. Kaum hat man mal einen Haken auf der To-Do-Liste gesetzt, schon kommt der nächste Anruf dazwischen. Oder eine Mail, die ganz dringend um Erstversorgung bettelt. Hier mal gerade dieses, dort mal kurz das, und dann mal eben jenes.

Und am Abend? Natürlich dieses vollkommen unbefriedigte, ätzende, bohrende Gefühl, den ganzen Tag lang überhaupt nichts erledigt zu haben. Obwohl wir von morgens bis abends gerannt sind wie eine Antilope vor dem Löwenrudel.

Die Frage ist, welche Medizin Sie dagegen einnehmen sollen. Wir haben da einen Vorschlag. Probieren Sie ihn einfach mal für eine Woche aus und lassen Sie sich vom Ergebnis überraschen. Wir nehmen diese Medizin, seit wir vor einigen Monaten auf den amerikanischen Autor Tony Schwartz gestoßen sind, von dem wir sie übernommen haben.

Wir beenden unseren Tag konsequent damit, dass wir die wichtigste Aufgabe für den kommenden Tag definieren. Am nächsten Morgen sorgen wir dafür, dass das Handy aus ist, dass das E-Mail-Programm geschlossen und der Webbrowser zu ist und dass wir keinen Termin haben – auch keinen mit uns selbst. Und dann, ja, dann tun wir als allererstes an diesem Tag diese eine wichtigste Sache und zwar 90 Minuten lang. Ohne Unterbrechung. Ohne Pause.

Und das ist fantastisch, denn am Morgen sind wir voller Energie, Kreativität und Tatendrang. In dieser Zeit schaffen wir Dinge, die wir danach nicht mehr hinbekommen. Nach 90 Minuten ist Schluss, und dann darf der ganz normale Wahnsinn beginnen. Das Wunderbare ist: Am Abend sind wir um etliches zufriedener, wir bekommen gefühlt – und auch ganz real – viel mehr erledigt. Und erstaunlicherweise geht auch der Rest des Tages leichter von der Hand.

Natürlich ist es nicht immer einfach, diese 90 Minuten am Stück durchzuhalten und jeder Unter-brechung zu widerstehen. Aber der Versuch lohnt sich!

Und Sie können ja auch eine Stufe niedriger beginnen: Warum nicht die 90 Minuten wenigstens einmal pro Woche ansetzen? Und wenn die Kollegen oder Ihr Chef Sie neidisch beobachten, wie Sie morgens Berge versetzen, machen die vielleicht sogar mit. Oder Sie arbeiten zuerst 90 Minuten konzentriert zu Hause und gehen erst danach ins Büro.

Und für alle Chefs: Geben Sie diese Idee an Ihr Team weiter! Lassen Sie Ihre Leute damit experimentieren. Finden Sie Ihre passende Variante der 90-Minuten-Medizin gegen Stress und niedrige Produktivität. Unsere Erfahrung ist: Unterbrechungsfrei arbeiten reduziert nicht nur Stress und erhöht den Output, es macht auch enorm viel Spaß!

SCHLUSS MIT DEM FRUST!

Es vergeht keine Woche, in der wir nicht mit dem Zug, Flugzeug oder Auto unterwegs sind und in der wir nicht in Bahnhöfen, Flughäfen, Hotellobbys und Hotelzimmern sitzen, stehen oder liegen. Das hat zwei Gründe. Erstens unser Beruf. Zweitens unsere Leidenschaft fürs Reisen.

Es gibt dabei aber einen Nachteil: Oft, sehr oft müssen wir einfach warten. Auf die Anschlussverbindung, auf Veranstalter, darauf, abgeholt zu werden, auf den Beginn der Veranstaltung etc. Und in der Disziplin des Wartens werden wir in diesem Leben wohl keine Goldmedaillengewinner mehr.

Als sich einmal herausstellte, dass der Zug, auf den wir bereits seit einer Stunde warteten, noch weitere fünfzig Minuten Verspätung haben würde, nahmen wir einen Block und zählten die Wartezeiten der vergangenen Woche zusammen, rechneten einen Tagesdurchschnitt aus – und waren am Ende der Übung genervt. So viel ungenutzte Zeit! Was für eine Verschwendung! Soll das ein notwendiges Übel sein, das zu unserem Job einfach dazugehört? Wirklich anfreunden wollten wir uns nicht mit diesem Gedanken.

Am nächsten Tag beim Frühstück fiel unser Blick auf einen Ausstellungsbericht der Münchner Pinakothek.

»Statt gelangweilt am Bahnhof zu hocken, hätten wir auch in diese Ausstellung gehen können ...«

Das sagte einer von uns halb im Scherz. Aber Moment: Das war gar kein Scherz!

Seit diesem Frühstück haben wir uns entschieden, anders zu warten: Wann immer es geht, besuchen wir dort, wo wir eine Veranstaltung haben, ein Museum oder eine Ausstellung. Wenn auch nur für eine halbe Stunde. Wir suchen uns die Infos schon vorher raus und lernen so die Städte nochmal ganz anders kennen – und erfahren Dinge, die uns sonst fremd geblieben wären. Zum Beispiel wissen wir, seitdem wir im Berliner Currywurstmuseum waren, dass es schon vor 5000 Jahren »Essen to go« gegeben hat. Langweilig oder ärgerlich ist das Warten seitdem nicht mehr.

Was ist passiert? Wir haben uns entschieden, die Umstände als gegeben hinzunehmen – Wartezeiten lassen sich auf Reisen kaum vermeiden –, aber unsere Haltung zu verändern: *»Wer hat definiert, dass Wartezeit Herumsitzenzeit sein muss?«*

Man kann das Pferd aber auch von der anderen Seite aufzäumen und die Umstände verändern: Den Job wechseln, statt mit öffentlichen Verkehrsmitteln nur noch mit dem eigenen Auto reisen oder Engagements ausschließlich in der Nähe des eigenen Wohnortes annehmen.

Das Interessante dabei:

Wer seine innere Haltung verändert, der verändert dadurch auch die äußeren Umstände.

Wer beispielsweise seine Einstellung zum nervenden Kollegen geändert hat und ihn seitdem freundlich grüßt, bemerkt auf einmal auch in seinem eigenen Verhalten eine

Veränderung: *Der ist ja vielleicht sogar ein halbwegs netter Mensch ...*

Und wer direkt die Umstände ändert, ändert damit auch seine Haltung. Auch wenn es uns in dem Moment vielleicht nicht bewusst ist. Wer beispielsweise den Job gewechselt hat, wird beim nächsten Arbeitgeber wahrscheinlich bestimmte Dinge anders machen. Er hat gesehen, was beim letzten Mal nicht funktioniert hat und wird diesmal mit einer anderen Haltung herangehen.

INNERE HALTUNG – ÄUSSERE UMSTÄNDE: Beide Ansatzpunkte sind gleich gut, gleich einfach und gleich schwer. Wenn wir uns aber erst einmal dieser beiden Möglichkeiten, Haltung oder Umstände, bewusst werden, spüren wir, wie viel mehr Einfluss wir auf unser Leben und unsere gute Laune haben. Ein gutes Leben bestimmt sich aus der Beziehung zwischen der eigenen Haltung und den äußeren Umständen. Wenn ich meine Haltung nicht ändern kann oder will, dann ist mein Lebensglück von meinem Verhältnis zu den äußeren Umständen bestimmt. Wenn ich andererseits die äußeren Umstände nicht ändern kann, dann wird mein Lebensglück von meiner inneren Haltung bestimmt.

Es ist immer unsere Wahl.

Es ist immer unser Leben.

DREI SORTEN MENSCHEN,
DIE WIR MEIDEN

*»Der Robert ist mein Nachbar. Deshalb gehen wir ab
und zu mal zusammen ein Bier trinken.«*

Viele treffen andere Menschen nur aus einem Grund: weil
sie da sind. Das ist nachvollziehbar. Wenn der Nachbar am
Wochenende auch noch nichts vorhat, warum sollte man
nicht mit ihm essen oder ins Kino gehen? Ob der Nachbar,
der Arbeitskollege, der Freund des Freundes oder eben sogar der Freund selbst sich dadurch auszeichnet, dass er
interessant, inspirierend oder sogar ungewöhnlich ist,
spielt dabei für viele Menschen gar keine Rolle. Aber für
uns. Für uns sind es entscheidende Kriterien.

Wir sind fest davon überzeugt, dass in ihrem Kern jede
Entscheidung darüber, mit wem wir eine Beziehung eingehen oder mit wem wir uns umgeben – privat oder beruflich –, immer auch eine strategische Entscheidung für oder
gegen Innovation ist. Es ist immer auch eine strategische
Entscheidung für oder gegen Weiterentwicklung.

Ist das nicht ein bisschen hart? Vielleicht, aber für uns
ist das über die Jahre immer wichtiger geworden. Wir
Menschen sind soziale Wesen. Wir kommunizieren ständig, tauschen Gedanken aus, beeinflussen andere und lassen uns beeinflussen. Jede einzelne Beziehung hinterlässt
in uns Spuren wie die Druckplatte auf dem Papier. Und
zwar nachhaltig. Auch wenn wir es selbst nicht wahrnehmen: Mit der Zeit werden wir so wie die Menschen, mit
denen wir uns Tag für Tag umgeben.

> Hängen wir mit Langweilern herum,
> werden wir langweilig.
> Suchen wir die Nähe von inspirie-
> renden Leuten, wird das auf uns
> abfärben.

Seitdem uns das klar geworden ist, schauen wir sehr genau in unsere Adressbücher. Als »neue Kontakte« suchen wir Menschen, die auf irgendeine Art anders ticken. Kritische Geister, die selbst denken. Die – egal wie viel sie schon geleistet haben – wissen, dass sie nicht die Weisheit mit Löffeln gefressen haben. Leute, die gleichzeitig kreativ und bescheiden sind.

Aber das ist nicht alles.

Weil Adressbücher nicht unendlich dick sind, war diese neue Erkenntnis auch Anlass für einen Generalputz. Und so haben wir uns konsequent von Menschen getrennt, die sich gerne mal an unsere Batterie gehängt haben. Aus unserer Sicht gibt es drei Typen dieser schwarzen Beziehungslöcher.

MR. AN MRS. ALWAYS-ME

Die geborenen Daueropfer ... Probleme sind für diese Menschen stets unüberwindbare Hindernisse. Es gibt keinen Missstand, egal wie groß oder klein, über den sie nicht stundenlang lamentieren, nichts, was sie nicht als persönlichen Angriff auf sich deuten könnten. Des Rätsels Lösung suchen sie jedoch nicht. Lösungsvorschläge wehren sie subtil bis vehement ab. Was sie eigentlich suchen, sind Gleichgesinnte, die mit ihnen in das Klagelied einstimmen. Klar, jeder jammert hin und wieder mal. Auch wir sind davor nicht gefeit. Uns macht es aber vollkommen kirre, wenn Menschen die Opferrolle als Lebenseinstellung verinnerlicht haben.

MR. AND MRS. ALWAYS-NO

»Wer etwas will, findet Wege.
Wer etwas nicht will, findet Gründe.«

Genau diese Haltung zeichnet den ewigen Skeptiker aus. Er ist ein Meister darin, Vorwände und Ausflüchte zu finden und sie in scheinbar rationale Argumente zu verpacken. Nach dem Motto: »Alles schon probiert, hat aber schon vor zwanzig Jahren nicht funktioniert.« Der Unterschied zwischen dem ewigen Skeptiker und den Menschen, die Neues vorantreiben und sogar scheinbar Unmögliches möglich machen, ist nichts anderes als der Wille und der Mut, neue Dinge einfach auszuprobieren. Die einen hinterlassen Spuren, die anderen wirbeln nur Staub auf.

MR. AND MRS. ALWAYS-IN-CHARGE

Das sind die ewigen Besserwisser, die anderen haargenau erklären, wie die Welt funktioniert und warum bestimmte Dinge niemals möglich sein können. Und das, obwohl sie gar nicht danach gefragt werden. Dass Innovatoren immer Lernende sind, dass sie sich auch mit Dingen auseinandersetzen, die sie nicht verstehen, diesen Aspekt vergessen die Besserwisser konsequent – und gleiten immer wieder in den Vortrags-Modus ab.

Wir wollen diesen Leuten nicht mehr zuhören.

WORAUF ES ANKOMMT

»Ich arbeite nur mit Kunden, die intelligenter sind als ich«, sagt Stefan Sagmeister in einem Interview mit dem Art Magazin.

Zugegeben, die Aussage wirkt zunächst wie ein Affront. Doch mit »intelligenter« meint der österreichische Stardesigner all die Kunden, die ihn herausfordern, indem sie ihm anspruchsvolle Aufgaben geben. Kunden wie das Guggenheim Museum, Time Warner, Lou Reed, die Talking Heads oder die Rolling Stones. Für kein Geld der Welt würde er Routinejobs machen. Und diese Konsequenz wird belohnt: Neben mehreren international bekannten Designpreisen wie dem Lucky Strike Designer Award oder dem Kölner Klopfer wurde er bereits sechsmal für den Grammy nominiert, die höchste Auszeichnung im Musikbusiness. Zweimal hat er ihn für sein Albumdesign bereits bekommen.

> »Ich arbeite nur mit Kunden,
> die intelligenter sind als ich.«

Wir finden diese Aussage beeindruckend. Denn übersetzt bedeutet sie: Sagmeister sucht nicht nach den umsatzstärksten Kunden, sondern nach denen, die ihn persönlich, künstlerisch oder handwerklich weiterbringen. Die ihn wachsen lassen. Bezahlung gegen Leistung? Mag sein. Aber in erster Linie besteht die Gegenleistung von Sagmeisters Kunden in seinen Lerneffekten, das Geld folgt von allein.

Keine Frage, das ist extrem geradlinig. Was uns besonders beeindruckt, ist die Haltung hinter Sagmeisters Aussage: die konsequente Suche nach EXZELLENZ in der Arbeit. Seine Bereitschaft, NEIN zu sagen zu all den tausend Dingen, die er tun könnte, die ihn aber von seinem eigentlichen Kurs abbringen würden. Und stattdessen die Dinge zu FOKUSSIEREN, die für ihn wirklich zählen.

Denn eines ist klar: Stefan Sagmeister hätte gemäß der Nachfrage ein ganzes Design-Imperium aufbauen können. Stattdessen hat er seit mehr als zehn Jahren zwei Mitarbeiter und einen Praktikanten. Wachsen? Ja, schon. Aber nach innen!

WARUM SIE AM WOCHENENDE GLÜCKLICH SEIN WERDEN

Letzten Sonntag sind wir beim Surfen im Web auf folgende Nachricht gestoßen: Eine aktuelle Studie der Universität Rochester hat herausgefunden, dass Menschen am Wochenende glücklicher sind als unter der Woche.

Jetzt sind Sie baff, oder?

Kein Witz, das war die Nachricht. Im ersten Moment ist uns dazu nur eingefallen, dass wir doch auch mal eine Untersuchung machen könnten, um herauszufinden, dass Wasser nass ist. Oder dass es nachts dunkler ist als tagsüber.

Im zweiten Moment fiel uns aber auf, was der eigentlich springende Punkt der Studie ist: nämlich das WARUM. Die Wissenschaftler hatten festgestellt, dass Menschen am Wochenende glücklicher sind, weil sie dann selbstbestimmt handeln können und vorwiegend mit Leuten zusammen sind, die sie gern haben und wertschätzen.

Im Umkehrschluss bedeutet das, dass sich viele Menschen bei der Arbeit fremdbestimmt fühlen und umgeben sind von Leuten, die sie gar nicht um sich herum haben wollten, wenn es nicht sein müsste.

Was uns ins Grübeln gebracht hat: Warum akzeptieren so viele Menschen, dass jemand anderes darüber bestimmt, wie sie ihre Arbeit strukturieren – womöglich für sie individuell völlig ineffektiv? Und dass sie sich mit allerlei schrägen Typen vom Büro-Bärchen über das Unternehmens-Rudeltier bis zum Betriebs-Tyrannen rumschlagen müssen – obwohl das furchtbar schlechte Laune macht?

Wir fragen uns ernsthaft, wer das will und wozu das gut sein soll. Und warum das alle für normal halten.

Das hat nichts mit betrieblichen Kuschelgruppen oder einer Wir-haben-uns-alle-ganz-doll-lieb-Unternehmenskultur zu tun. Auch ein Hasso Plattner, Aufsichtsratschef und Mitbegründer von SAP (und ein Tekkie bis ins Mark), hat verstanden: »Wir sind ein Unternehmen, das Gewinn machen muss. Das werden wir aber nur tun, wenn wir auch ein glückliches Unternehmen und auch unsere Kunden glücklich sind. Ich werde alles dafür tun, dass SAP wieder eine glückliche Firma wird.«

GLÜCKLICH!

Nur mit Menschen, die gut drauf sind und die ihre Arbeit und ihre Firma mögen, ist ein Unternehmen fit für die Wirtschaft von morgen!

Führungskräfte müssen deshalb ihren Mitarbeitern Raum geben, damit diese ihre eigenen Entscheidungen treffen können. Und eine Kultur des Miteinanders schaffen, des Zuhörens, des Respekts. Das kostet null Euro und funktioniert sofort.

Damit die Mitarbeiter vielleicht demnächst am Sonntagabend sagen: *Endlich wieder Montag!*

CUT THE CRAP!

No one ever built a monument to a committee.
Noch nie wurde einem Ausschuss, einer Kommission oder einem Komitee ein Denkmal gesetzt. Warum nicht? Weil sie meistens nichts bewirken. Sie treffen sich, schlagen die Zeit tot und bewegen heiße Luft.

STOPP!

Wir revidieren unsere Meinung. Da gibt es ein Komitee, das finden wir genial: das Cut-the-Crap-Komitee der britischen Unterhaltungselektronikkette Richer Sounds. Dieser Ausschuss besteht aus einer Gruppe von Topmanagern, die sich regelmäßig trifft, um eine schlimme Sache zu identifizieren und anschließend gnadenlos zu eliminieren. Und dieses eine böse Ding ist: miese Arbeit.

Mit mieser Arbeit sind nicht schlechte Leistungen gemeint. Nein, miese Arbeit ist etwas anderes, etwas völlig Normales: In jedem Unternehmen sammeln sich im Laufe der Zeit kleine Bürokratie-Häufchen an, kleine Zeitverschwendungsfussel, unnötige Berichte etwa, zu lange oder überflüssige Meetings, umständliche Arbeitsabläufe, sinnlose Genehmigungsverfahren und all dieses Zeug, das keinen Wert schafft, dafür aber Zeit raubt, Energie verschwendet, Lust tötet und Frust erzeugt. Diese Fussel sammeln sich gerne zu Fusselbällchen, werden immer größer, immer destruktiver und wirken irgendwann wie ein Schwarzes Loch, das Freude unerbittlich bindet und vernichtet. Julian Richer, Gründer und Chef von Richer Sounds, nennt das Crap!

Und dieser Crap muss weg! Um das Unternehmen fusselfrei zu halten, braucht es aber eine wichtige Erkenntnis in den Köpfen der Führungskräfte. Julian Richer sagt: »Most companies just keep adding new systems. They never go through and clear out the obsolete ones.« Viele Unternehmen sind Weltmeister darin, immer neue Controlling-Tools, neue Berichte, neue Formulare einzuführen. Chefs machen sich wahnsinnig viele Gedanken darüber, was man noch alles machen könnte – und kommen selten bis nie auf die Idee, dass sie auch führen und etwas verbessern könnten, indem sie etwas NICHT mehr machen.

Darum empfehlen wir jedem Unternehmen:

`Wie auch immer Ihr das einrichtet, denkt jedenfalls regelmäßig darüber nach, was Ihr weglassen könntet.`

Aufgeben.
Streichen.
Reduzieren.
Beenden.

Alles, was die Produktivität, die Lust und die Energie der Mitarbeiter raubt, ohne nennenswert zur Wertschöpfung beizutragen, muss weg! Denn die Kernaufgabe jeder Führungsleistung ist, ein Umfeld zu schaffen, in dem Mitarbeiter ihr Bestes geben können.

Das gilt allerdings auch für Sie persönlich, nicht nur für Ihre Chefs: Fragen Sie sich, was an Ihrem täglichen Pensum sinnlose, miese Arbeit ist, die Ihnen die Energie raubt. Und: Wie können Sie sie loswerden?

EIN RESTAURANT IN VARANASI
Der Fluch des Selbstverständlichen

Bei den Sprüchen, mit denen indische Unternehmer werben, haben wir inzwischen unsere ganz persönliche Hitliste. Den Vogel abgeschossen hat ein Restaurantbesitzer aus Varanasi, der potenzielle Kunden mit diesem Argument überzeugen will: *»Yes, we are less dirty …«*
Aber der Subtext ist nicht nur komisch, er steht stellvertretend für etwas, das wir als die Wir-sind-weniger-mies-als-der-Wettbewerb-Marketingphilosophie bezeichnen. Kunden werden mit dem Argument bezirzt:

»Kommen Sie zu uns, denn wir bieten Ihnen die gleichen stinknormalen Selbstverständlichkeiten wie alle anderen auch. Und dabei sind wir sogar ein bisschen weniger mies als die anderen.«

Unternehmen in unserem Kulturkreis lassen sich ohne Zweifel ausgeklügeltere Wortkonstruktionen auf den Leib schneidern:»Es gibt Dinge, die kann man nicht kaufen. Für alles andere gibt es Mastercard«, heißt es gewitzt auf der Homepage eines Kreditkartenanbieters. Dann gibt es noch die Ohrwürmer, die durch ihre Melodie zur Legende geworden sind:»Hmmm, Melitta macht Kaffee zum Genuss«. Wieder andere Firmennamen bleiben mit Hilfe von Reimen im Gedächtnis haften:»Fruchtsaft machen kann er, der Pfanner«.
Eine Kreditkarte, mit der man bezahlen kann? Ein Kaffee, der gut schmeckt? Ein Fruchtsafthersteller, der Fruchtsaft herstellen kann? Moment mal! Das erwarten wir von

JEDER Kreditkarte, von JEDEM Kaffee und von JEDEM Fruchtsafthersteller. Nackte Selbstverständlichkeiten werden hier mit gewaltiger Fanfare hinaustrompetet.

> Alles, was Unternehmen machen oder auch kommunizieren, fällt in zwei Kategorien: Selbstverständlichkeiten oder Dinge, die einen Unterschied machen.

Maßnahmen aus der Kategorie Eins führen dazu, dass der Laden funktioniert. Die aus der Kategorie Zwei hinterlassen beim Kunden eine unauslöschliche Erinnerung.

Kategorie Eins ist Betriebswirtschaft, Kategorie Zwei ist Erlebniswirtschaft. Eins ist Dienstleistung, Zwei ist Begeisterung. Eins ist Organisation, Zwei ist Überraschung. Eins bringt Umsatz, Zwei bringt Umsatz plus Weiterempfehlung. Eins ist Überleben, Zwei ist Erfolg.

Wir fragen uns: Wenn alle diesen simplen Filter anlegen und alle Selbstverständlichkeiten aussieben würden, was würde dann noch übrig bleiben?

Fußballvereine, die bei jedem Spiel ihr Bestes geben? Politiker, die an die Zukunft des Landes denken? Lehrer, die auf Kinder eingehen? Künstler, die Neues schaffen? Sie alle würden plötzlich ganz schön einfallslos dastehen! Denn sie tun nicht mehr und nicht weniger als das, was auch schon alle ihre Kollegen machen.

Und wie sieht es bei Ihnen aus?

Wenn Sie alle Dinge, die Sie Tag für Tag machen, durch diesen Filter jagen: Was bleibt übrig? Haben Sie am Ende des Tages mindestens eine Idee realisiert, die nicht von der Stellenbeschreibung vorgegeben war? Oder bestand der Tag aus E-Mails, Facebook, Meetings, Kaffee und dem Bearbeiten der unvermeidlichen Papierstapel mit Dringlichkeitsfaktor XXL?

Natürlich: Niemand kann 60 Prozent der Arbeitszeit damit verbringen, ungewöhnliche Dinge on top zu leisten. Es genügt aber doch, einmal am Tag etwas Außerordentliches zu bewirken. Und im Gegenzug ein paar unwichtige Dinge auf die To-Don't-Liste zu setzen.

ES KANN NUR EINEN GEBEN, UNO, ONE!

Sortenvielfalt sei gut für das Geschäft, sagen die Marketingstrategen. Also: Produktdiversifizierung! Schaut, wie es die Großen machen: 1946 gab es genau einen Volkswagen, den Brezelkäfer. Heute hat der Volkswagenkonzern zwölf Marken, alleine die Marke VW hat 27 Modelle und jedes Modell hat zig Varianten. Mit dieser Diversifizierung schaffen es die Wolfsburger, fast zehn Millionen Fahrzeuge zu verkaufen. Ist Produktvielfalt nicht DAS Erfolgsrezept schlechthin?

Nein, sagt Signore Illy aus Triest. Andrea Illy setzt mit seinem Unternehmen Illycaffè auf eine schlichte Zahl, und die lautet: eins.

Ein Wort: Kaffee.

Eine Marke: Illy.

Ein Produkt: Espresso.

Und zwar den besten Espresso, den es gibt, die Nummer Eins. Und das behauptet der Enkel des Firmengründers nicht einfach nur, sondern das bestätigen alle: In nahezu jedem Geschmacks- und Vergleichstest unter Kaffee-Experten und sogar bei der Stiftung Warentest setzt sich Illy meist durch.

Kaffee in verschiedenen Geschmacksrichtungen? So wie Nestlé mit der Nespresso-Serie? Keine Option für Illy: »Es kann nur einen geben. UNO, ONE!«

Der Grund dafür ist sagenhaft konsequent. Für seine Kunden will Illy den besten Kaffee machen, den es gibt, darunter macht er es nicht. Und es ist doch klar: Würde er zwei Sorten anbieten, wäre eine davon besser als die andere. Also wäre eine davon nicht die Beste. Und einen Kaffee anzubieten, der nicht Numero Uno ist, das geht nicht!

DAS ist konsequent. Andrea Illy postuliert einen Absolutheitsanspruch auf die Qualität. Und verbindet das mit seinem Firmenzweck. So einfach.

Und immerhin: Während Volkswagen weltweit über neun Millionen Fahrzeuge im Jahr verkauft, sorgt Illy weltweit für den Inhalt von über sechs Millionen Espresso-Tassen. Täglich!

Und dabei ist Andrea Illy kein dogmatischer Verfechter der reinen Lehre, sondern auch ein Marketingprofi. Erstens kann er sich neidlos dafür begeistern, wie Nespresso mit seinen zig Kapselsorten den Markt aufgerollt hat, und er spricht voller Hochachtung von Nestlé, dem größten Nahrungsmittelkonzern der Welt. Zweitens ist er so clever, seine eine Kaffeesorte nicht nur als mahlfertige Bohnen anzubieten, sondern auch als Pulver, als Decaf, in Kapseln oder als kaltes Fertiggetränk, ein Joint Venture mit Coca Cola. »Aber die Leute sagen mir: Das Aroma ist in allen Formen gleich. Und dann weiß ich: Wir machen es richtig«, sagt Illy.

Wir verneigen uns voller Respekt vor so viel Konsequenz. Wenn ein Geschäft so einfach und so erfolgreich ist, dann finden wir das einfach nur: schön.

ROCHE UND DAS ANTI-BÜROKRATIE-REZEPT

Unternehmen brauchen Innovationen, um überleben zu können. Doch gerade in großen Unternehmen ist es schwierig, radikale Veränderungen durchzusetzen. Umso mehr hat uns beeindruckt, was sechs Manager des Pharmakonzerns Roche im Rahmen eines Treffens 2009 austüftelten: Die Gruppe wollte die Abläufe im Haus entbürokratisieren. Es müsste doch möglich sein! Aber wo ansetzen? Nach langen Diskussionen entschieden sie sich für die Planung und Abrechnung der Dienstreisen. Oh. Na denn …

Was auf den ersten Blick nicht so sexy klingt, hat allerdings zwei entscheidende Vorteile: Anhand der Reiseplanung lassen sich Mängel im System deutlich aufzeigen. Oder, wie es einer der Verantwortlichen beschrieb: *»Ich verantworte 60 Millionen Umsatz, muss auf Reisen aber die Genehmigung für drei Tassen Kaffee einholen.«* Und außerdem: Die Erfolge lassen sich schnell und eindeutig messen.

Der Aufbau des Experiments sieht folgendermaßen aus: 200 Personen nehmen teil. Es gibt ein Team in Basel in der Schweiz und eines am deutschen Standort in Grenzach (jeweils plus Kontrollgruppe). Diese Gruppen planen und buchen ihre Reisen jetzt komplett eigenständig. Dabei müssen sie lediglich einige bestehende Grundregeln beachten. Zum Beispiel, wer Business Class fliegen darf und wer nicht. Alles andere muss weder vorgelegt noch abgesegnet werden. Und niemand muss sich hinterher rechtfertigen, weil er für die Strecke von A nach B einen Zug, ein Taxi oder eine Rikscha genommen hat.

Allerdings gibt es eine weitere Bedingung: Transparenz bei den Ausgaben. Nicht ganz so einfach durchzusetzen – wir sind froh, dass wir bei DER Diskussion mit dem Betriebsrat nicht zuhören mussten! Aber effektiv. In der Schweiz werden einzelne Ausgaben für alle Mitarbeiter sichtbar im Intranet veröffentlicht. In Deutschland senden die Mitarbeiter ihre leicht kumulierten Ausgaben per E-Mail an alle Teilnehmer und ihren direkten Vorgesetzten.

Eine erste Rückfrage bei den Roche-Mitarbeitern ergab: 83 Prozent finden dieses Vorgehen besser und wollen es beibehalten; 74 Prozent sagen, dass dieser Prozess effizienter und schneller ist. Und noch ein Vorteil lässt sich nicht von der Hand weisen: Bei Roche hatte man damit gerechnet, dass die Reisekosten durch das neue Verfahren leicht steigen würden. Aber weit gefehlt! Sie sind GESUNKEN. Wer hätte das gedacht?

Vielleicht macht es den Mitarbeitern einfach keinen Spaß mehr, »die da oben« im Rahmen der Möglichkeiten zu schröpfen, wenn »die da oben« den Rahmen freiwillig abschaffen. Vielleicht ist es die Kontrolle der Kollegen, die noch viel unangenehmer ist als die durch den Vorgesetzten und die dafür sorgt, dass die Ausgaben niedrig bleiben. Viel wahrscheinlicher ist aber, dass die teilnehmenden Roche-Angestellten *einfach am besten beurteilen können*, welcher Flug, welches Essen und welche U-Bahnfahrt nötig sind. Und ihre Reise dementsprechend planen.

Wer ängstlich jeden Schritt seiner Angestellten überwacht, wird kein Vertrauen ernten.

Und kann sich auch nicht darauf verlassen, dass diese im Zweifelsfall eigenständig, klug und mutig im Sinne der Firma entscheiden. Ja, wir wissen auch, dass bestimmte Regeln notwendig sind. Aber wie wäre es mit einem Experiment? Sie packen das große Bürokratie-Tier, das in ihrer Firma ständig im Weg liegt, bei den Hörnern und setzen es vorübergehend auf Diät. So, dass es nicht ganz verschwindet, aber an einer Stelle ein wenig abnimmt. Und dann lassen Sie uns wissen, wie es Ihnen und den Kollegen damit ging.

Wir würden wetten: besser.

KOMM, VERGISS ES!

Wir saßen unter den zwanzig Führungskräften eines größeren Mittelständlers, der uns für einen Strategie-Workshop eingeladen hatte. Alle waren neugierig auf die Ergebnisse der Gruppenarbeit.

Das erste Team stand schon am Flipchart und hatte seinen Papierbogen aufgehängt. Darauf waren Begriffe, Zeichnungen und Pfeile zu sehen. Einer von ihnen fing an zu erzählen. Und zu gestikulieren. Und zu zeigen. Und zu argumentieren. Und zu erklären. Und einzuschränken. Und zu ergänzen. Die anderen Vier mischten sich ein. Deuteten auf eine Zeichnung. Vertieften einzelne Aspekte.

Doch je länger sie redeten, desto mehr Fragezeichen schwebten über den Köpfen der Zuhörer. Das Team sprach bereits eine gefühlte Viertelstunde, in Wirklichkeit hatten sie nicht einmal ihre fünf Minuten ausgeschöpft. Au weia.

Während wir auf die Uhr schielten, hörten wir eine sonore Stimme, die wie eine Granate durch den Raum flog: »Komm, vergiss es!«, rief jemand von ganz hinten. Uns stockte der Atem – der Gruppensprecher hörte schlagartig auf zu reden. Oh, oh. Jetzt werden sie bestimmt in den Verteidigungsmodus rutschen, sich rechtfertigen und die umständlichen Erklärungen noch umständlicher erklären ...

Und was passierte? Die Fünf am Flipchart schauten sich an, lachten, nahmen den Papierbogen ab und gingen zu ihren Plätzen. Ihre Kollegen applaudierten, und schon war das nächste Team im Anmarsch. Die Stimmung war gut, die Luft war klar – und wir waren baff.

In diesem Unternehmen ist es ganz
normal, Ideen mal eben kurz auszutauschen und genauso schnell zu
verwerfen, wenn sie nichts taugen.
Sachorientiert, ergebnisorientiert,
ganz ohne Ego.

Klingt logisch? Ist überall so? *Mitnichten!*
In vielen Unternehmen gibt es eine Kultur, die verlangt,
dass jede Idee perfekt ausgearbeitet wird, bevor man sie
präsentiert oder bevor man darüber redet. Also verbringen die Mitarbeiter Tage und Wochen damit, jedes i-Tüp-
felchen auszufeilen. Die Konsequenzen?

1) Mitarbeitern fällt es immer schwerer, Kritik an ihren
   Ideen zu akzeptieren.
2) Diejenigen, die Feedback geben, packen es in immer
   dickere Wattepolster.
3) Auf lange Sicht entstehen immer weniger Ideen.

Wenn aber eine Unternehmenskultur es ermöglicht, Ideen
kurzerhand auszutauschen, die nur auf eine Serviette ge-
kritzelt sind, und wenn das Ego der Teammitglieder so
weit abgebaut ist, dass sie ein *»Komm, vergiss es!«* lächelnd
oder sogar dankend hinnehmen, wenn also jede Idee hin-
terfragt werden darf, dann ist die Chance für Innovationen
riesengroß.

JOSÉ MOURINHO
Eine Frage der Führungskompetenz

Der Portugiese José Mourinho ist einer der erfolgreichsten Fußballtrainer aller Zeiten. Seine Spieler würden für ihn durchs Feuer gehen. Didier Drogba sagte einmal:»Für Mourinho hätte ich mir die Beine brechen lassen.«

Was uns daran fasziniert: Mourinho hat selbst niemals aktiv Fußball gespielt! Der Ausnahmetrainer, der fünf Sprachen spricht, begann seine Laufbahn als Dolmetscher für den Trainer von Sporting Lissabon.

Was für eine Karriere!

Auch viele andere erfolgreiche Trainer haben als Spieler keine Bäume ausgerissen. Aber wozu auch? Als Trainer braucht es andere Fähigkeiten. Sie können Spiele und die Taktik des Gegners analysieren. Sie können Menschen führen und dazu bringen, ihr Potenzial abzurufen. Sie können ein Kollektiv formen und zu Höchstleistungen bringen.

In drei Wörtern:
Sie können führen!

Und in der Wirtschaft? Zum Vertriebsleiter wird nicht der beste Vertriebsleiter gemacht, sondern der beste Verkäufer. Um so mit hoher Wahrscheinlichkeit einen schlechten Chef gewonnen und gleichzeitig einen guten Verkäufer verloren zu haben. Und Chef der Buchhaltung wird der beste Buchhalter. Und Chef der Entwicklung der beste Ingenieur. Ähnlich wie in den meisten Unternehmen läuft es in der Politik. Den vakanten Posten bekommt der beste Parteisoldat, der sich hochgedient hat.

Warum nur, fragen wir uns, glauben wir in Wirtschaft und Gesellschaft nach wie vor an diese *unsinnige* Beförderungspolitik? Wann fangen wir an, FÜHRUNGSKOMPE-TENZ von SACHKOMPETENZ zu unterscheiden?

FERRAN ADRIÀ
Ein Businessrebell, der Grundprinzipien des Kundenmanagements vom Menü gestrichen hat

Manche Unternehmer scheinen vom Wahnsinn getrieben. Oder zumindest von einer Leidenschaft, jeden erprobten und durchdachten Rat zum Thema Unternehmensführung in den Wind zu schlagen. Wer kann es sich schon leisten, Kundenwünsche zu ignorieren? Oder die Nachfrage konsequent nur zu maximal fünf Prozent zu befriedigen? Dann per Los darüber zu entscheiden, wer denn nun das angebotene (und nicht näher definierte) Produkt erwerben darf und die betreffenden Personen obendrein zu zwingen, dafür zwei Stunden durch die Pampa zu fahren?

Doch bei Ferran Adrià, Chefkoch des weltberühmten spanischen Restaurants elBulli, hat dieser Wahnsinn Methode. Man könnte auch sagen: Er kann nicht anders. Denn er lebt mit seinem Restaurant eine Leidenschaft, die jedes Gesetz unternehmerischen Denkens außer Kraft zu setzen imstande ist.

Adrià ist der Begründer der Molekularküche und einer der einflussreichsten Köche unserer Zeit. Bei der Molekularküche geht es darum, die Molekularstruktur von Lebensmitteln durch punktgenaues Erhitzen oder Abkühlen und die Beigabe von Chemikalien zu verändern – Rind ist plötzlich cremig, Karotte durchsichtig oder Tomate knusprig.

Um diese verwirrende und gleichzeitig inspirierende Erfahrung »bewerben« sich jedes Jahr gut zwei Millionen

Menschen. Da das elBulli aber nur sechs Monate im Jahr geöffnet hat und jeden Abend nur fünfzig Plätze zur Verfügung stehen, werden diese in einem Losverfahren vergeben. Tag und Uhrzeit bestimmt das elBulli, nicht der Gast.

Wer zum Essen kommen darf, muss eine weite Reise auf sich nehmen: Zwei Stunden dauert die Fahrt von Barcelona ins spanische Hinterland. Was dann auf dem Teller landet, ist eine Überraschung – das Menü für 230 Euro ist gesetzt. Es könnte also »Geeiste Luft aus Parmesan mit Müsli« geben oder vielleicht »Nitro-Erdbeeren«.

»Erst kommt die Kreativität, dann der Gast«, sagt Adrià über seine ungewöhnliche Art des Bewirtens.

Ferran Adrià kann nicht nur exzellent kochen – er glaubt an das, was er tut. Er liebt es. So sehr, dass es ihm gar nicht in den Sinn kommt, sich den Wünschen der Gäste unterzuordnen.

Dafür garantiert er ihnen ein Esserlebnis, das wirklich alles, außer gewöhnlich ist. Und um das sie jeder, der auch von einem Platz im elBulli träumt, beneiden wird. »Eigentlich sollte ich 600 Euro pro Menü nehmen«, meint Ferran Adrià. »Aber ich koche nicht für Millionäre, sondern für feinfühlige Menschen.«

¡Caramba!

Diese Leidenschaft ist beeindruckend. Denn wer an sich selbst und an seine eigenen Ideen glaubt, wer bereit ist, dafür alles zu tun und auch unbequem zu sein – der wird andere dafür begeistern.

SEID
WERTVOLL!

KONSUMIEREN ODER KREIEREN?

Wer Neues in die Welt bringen will, etwas vorhat, der sollte sich erstmal informieren. *Lesen! Lernen! Zuhören!*

Noch bis vor einigen Jahren haben wir genau das gemacht. Massenhaft Bücher verschlungen, dutzende Newsletter abonniert, zig Blogs gelesen, Wirtschaftsmagazine studiert, Tagungen und Kongresse im In- und Ausland besucht.

Wir haben viel gelernt und ausgiebig Informationen getankt. Aber irgendwann sind wir draufgekommen, dass hinter dieser löblichen Wissbegier noch ein anderes Motiv steckt. Und das hat uns gar nicht gefallen! Es war nämlich eine Form von Konsum. Und dieser zeitintensive Informationskonsum hat einen Preis: Er hält uns davon ab, selbst Neues zu schaffen.

Informationen, Bücher, Seminare etc. zu konsumieren, hat einen riesigen Vorteil: Es ist RISIKOLOS. Wer wird Sie schon dafür tadeln, dass Sie sich weiterbilden? Man kann keinen Fehler dabei machen. Es nötigt uns keine Entscheidung ab, die wir bereuen würden. Informationskonsum ist einfach – weil er uns nicht zwingt, einen Entschluss zu fassen, den Kopf aus der Masse herauszustrecken und für eigene Ideen einzustehen.

Aber es gibt dabei auch einen großen Nachteil.

Der einzige Weg, in einer Sache richtig gut zu werden, besteht darin, SELBST etwas zu tun.

Darum geht es: etwas zu tun. Aufzustehen und selbst etwas voranzutreiben. Die Alternative lautet: auf der Tribüne zu jubeln, anstatt selbst auf dem Feld zu stehen und die Tore zu schießen.

Deshalb haben wir uns vor einigen Jahren entschlossen, unseren Konsum konsequent zu reduzieren und unsere freiwerdenden Ressourcen zu nutzen, um eigene Projekte voranzutreiben. Beispielsweise haben wir aufgehört, tonnenweise andere Newsletter zu lesen und die wieder zur Verfügung stehende Zeit genutzt, um unseren eigenen Newsletter weiterzuentwickeln.

Die entscheidende Frage ist: Wann ist der beste Zeitpunkt, den Kopf in die frische Luft zu strecken und mit dem Handeln zu beginnen, statt noch mehr und immer noch mehr Informationen zu sammeln? Wann sollten Sie vom Blogleser zum Blogger werden? Vom Seminarteilnehmer zum Seminarleiter? Vom wandelnden Lexikon in Sachen Entrepreneurship zum Unternehmer?

Wir schlagen Ihnen eine Antwort vor: Der richtige Zeitpunkt, um vom Konsumenten zum Kreativen zu werden, ist gekommen, sobald es EINE Person gibt, der Sie mit Ihrem Können und Ihrer Passion ein gutes Stück weiterhelfen können. Das ist der Zeitpunkt, ab dem der Preis, den es kostet, NICHT loszulegen, immer höher wird.

FINDE ES SELBST HERAUS!

Die NASA braucht Talente. Sie ist permanent auf der Suche nach Ingenieuren und Wissenschaftlern, die einige ganz besondere Eigenschaften mitbringen. Darunter DIE Schlüsselqualifikation für erfolgreiches Arbeiten im 21. Jahrhundert: Kreativität.

Um herauszufinden, wo und wie die Goldadern der Kreativität in der Bevölkerung verlaufen, testete George Land in einer Langzeitstudie für die NASA 1600 fünfjährige Kinder. Das Ergebnis überraschte alle: 98 Prozent der Kinder schafften es in die Top-Kategorie: Hochgradig kreativ! Und dann kamen sie in die Schule.

Fünf Jahre später wurde erneut getestet. Die Kinder waren nun zehn Jahre alt. Das Ergebnis: Nur noch 30 Prozent schafften es in die Kategorie »hoch kreativ«. Fünf Jahre später wurden die Kinder nochmals getestet. Sie hatten also mittlerweile zehn Jahre Schule hinter sich. Das Ergebnis: Nur noch 12 Prozent waren hochgradig kreativ. Die Forscher konnten es kaum glauben. Sie testeten eine Vergleichsgruppe von 280 000 Erwachsenen. Ergebnis: 2 Prozent waren hoch kreativ.

Soll das heißen, dass die Menschen eigentlich mit hervorragenden Voraussetzungen für das Leben und Arbeiten im 21. Jahrhundert auf die Welt kommen, dass sie aber mit Durchlaufen des Bildungssystems das alles fast komplett verlieren? Vergessen? Unterdrücken? Vernachlässigen? *Genau das heißt es!*

Und das ist schlimm. Denn wir sind fest davon überzeugt:

Viel wichtiger, als jungen Menschen statisches Wissen einzubimsen, wäre es, ihnen beizubringen, interessante Probleme selbst zu finden - und zu lösen. Und beides geht nicht ohne Kreativität.

Zu was Kinder und Jugendliche in der Lage wären, wenn wir ihnen die kreative Problemlösungskompetenz nicht systematisch abtrainieren würden, zeigt der Fall von Jack Andraka aus Crownsville, USA. Im Alter von nur 15 Jahren gewann er einen der renommiertesten Wissenschaftspreise, dotiert mit 75 000 Dollar.

Womit? Der Teenager hatte einen Urin-Teststreifen entwickelt, mit dem man Krebserkrankungen nachweisen kann – 26 000 Mal kostengünstiger, 90 Prozent zuverlässiger und 168 Mal schneller als jedes andere bis heute bekannte Verfahren. Eine medizinische Sensation! Ganze Fakultäten waren an dieser Aufgabe bislang gescheitert. Und von 200 Professoren, die er bat, in deren Labors seine Erfindung testen zu dürfen, schickten ihm 199 eine Absage, weil sie die Tragweite seiner Idee nicht verstanden – oder schlicht nicht glauben konnten, dass ein Jugendlicher wirklich ernsthafte medizinische Forschung betreiben kann.

Das Spannendste an dieser Geschichte, finden wir, sind die Aussagen der Eltern des Wunderkinds Jack. Auf die Frage, wie sie sich das Genie ihres Sohn erklärten, sagten sie trocken: »Schon als er drei war, haben wir uns geweigert, seine Fragen zu beantworten. Wir haben stattdessen gesagt: *Finde es selbst heraus!*«

PHILIPPE STARCK
Der kreative Mönch

Philippe Starck ist ein fantastischer Designer. Faszinierend, wie vielseitig er ist, von Architektur über Motorräder bis hin zu Möbeln und Haushaltsgegenständen – und immer sind seine Entwürfe bahnbrechend, spektakulär. Woher nimmt er die Inspiration für so viel Kreativität? Woher kommen die Impulse für solch geniale Ideen?

Die Antwort darauf gab Starck dem Magazin »Wired«: »Ich lebe wie eine Art moderner Mönch. Ich gehe früh ins Bett und stehe ein bisschen früher auf als andere. Den Höhepunkt der Kreativität erreicht mein Körper so um sieben Uhr am Morgen. Wer kreativ sein will, darf sich nicht mit Drogen oder Alkohol vergiften. Auch nicht mit industriell verarbeiteten Lebensmitteln. Du musst Sport treiben und jede Menge Sex haben (wenn auch nicht unbedingt in dieser Reihenfolge).«

Wow. Von wegen kreatives Chaos.

Fokus!

Disziplin!

Einschränkung!

Früh ins Bett!

Gesundheit!

Aber genau das ist der Schlüssel: Philippes strenger Tagesplan und seine disziplinierte Lebensweise sind einem einzigen Ziel verpflichtet: seinen Kopf für die Arbeit freizuhalten. Frei!

Disziplin und Ordnung schaffen den Raum, in dem der Geist frei sein kann.

Die Fähigkeit, gut für sich zu sorgen und Bedingungen zu schaffen, die eigene Kreativität ermöglichen, ist heute wichtiger denn je.

Nicht nur bei uns, sondern auch bei vielen von Ihnen besteht ein sehr wichtiger Teil der Arbeit darin, Ideen aufzusaugen, zu reflektieren und weiterzuverarbeiten. Und das funktioniert nur, wenn wir uns darum kümmern, dass unser Motor nicht im roten Drehzahlenbereich läuft und die Düsen nicht verstopfen.

»Nur Fokussierung führt zu Originalität«, sagt Philippe Starck. Dabei geht es nicht darum, sich asketisch einzuschränken, es geht nicht um den Verzicht. Sondern darum, sich von Ablenkungen, Reizüberflutungen und Dingen, die unseren Kopf verstopfen, fernzuhalten. Zu entrümpeln, damit der Kopf frei wird für neue Ideen und Perspektiven. Das ist eine tägliche Selektionsaufgabe: brauche ich, will ich, ist wertvoll – oder eben: Dafür verschwende ich keine Lebenszeit.

Der Gedanke, dass Disziplin, Ordnung und Konsequenz die Voraussetzungen sind für kreative, geistreiche neue Ergebnisse, fasziniert uns. Das ist beispielsweise auch der Grund, warum wir unseren Fernseher verschenkt haben. Ganz einfach. Es muss nicht so radikal sein wie bei Philippe Starck, aber eine kleine Dosis »Moderner Mönch« tut jedem von uns gut.

ECHTE KUNST ODER
MALEN NACH ZAHLEN?

Sich auf dem Gehsteig zu bewegen, war geradezu eine Kunst. Die Gehwege in Saigon, der quirligen Metropole im Süden Vietnams, dienten als Parkplatz für Tausende von Mopeds, als Marktplatz für Verkaufsstände und als Stellplatz für zahllose mobile Garküchen. Als Fußgänger bewegten wir uns ganz einfach mit dem Strom und hatten uns der erhöhten Gehgeschwindigkeit schon gut anpasst – als wir beide plötzlich gleichzeitig stehen blieben. Denn damit hatten wir nicht gerechnet: Vor uns in einem Atelier hingen drei »Mona Lisas« und einmal Klimts »Kuss«.

Kurz darauf sahen wir im nächsten Atelier die vertrauten Werke von Dix, Monet und Dalí. Wie im südchinesischen Ort Dafen hat sich auch in Saigon ein ganzer Berufszweig darauf spezialisiert, die Werke namhafter Künstler nachzuahmen. Ob alte Meister, Impressionisten oder Kubisten: Die Profimaler können so ziemlich jedes Bild perfekt kopieren. Sobald die Sonne aufgeht, sitzen sie in ihren kleinen Ateliers und malen zum hundertsten Mal van Goghs »Sonnenblumen« oder zum zweihundertsten Mal die »Mona Lisa«.

Wir waren so beeindruckt, wie detailgetreu diese Maler eine Vorlage kopieren, dass wir uns spontan entschieden, eine Roy-Lichtenstein-Reproduktion zu kaufen: für fünfzig Euro nach der obligatorischen Feilscherei. Der Name des Kopisten? Uninteressant. Und genau darin liegt das Problem für den Kopienmaler: Er ist zwar handwerklich top, aber es gibt eben auch noch hundert andere, die ebenfalls top sind. Und wenn die Nachfrage gut ist, sind es bald zweihundert, dreihundert, fünfhundert Kollegen. Ein Kopist ist ein echter Könner im Reproduzieren von Vorlagen, aber er ist eben nicht selbst kreativ – kein Schöpfer, sondern ein »Abmaler«, kein Künstler im eigentlichen Sinne. Egal wie gut er Vorlagen kopiert, er ist prinzipiell austauschbar. Die reine handwerkliche Leistung ist identisch, aber ein erfolgreicher Künstler schafft ein Werk im Wert von fünfzigtausend Euro, der erfolgreiche Abmaler erzielt fünfzig Euro. Die Kluft zwischen beidem ist der pure Wahnsinn. Aber das ist die Realität.

Und es ist auch zunehmend die Realität der Arbeit in jedem Berufszweig bei uns in Europa. Es gibt »Künstler«, die in ihrer jeweiligen Arbeit kreativ sind, Neues schaffen, Initiative zeigen, selbst denken, entscheiden, handeln, alles, außer gewöhnlich sind – und damit gut bezahlte Jobs haben. Und es gibt diejenigen, die »Malen nach Zahlen« betreiben. Sie setzen Vorlagen um. Exakt. Detailgetreu. Sie liefern gute Arbeit – und werden damit immer austauschbarer, weil andere eben auch gut sind, nur vielleicht billiger. Damit wir uns nicht missverstehen: Künstler zu sein, ist kein Privileg der kreativen Berufe. Kein Monopol der Architekten, Designer, Werber oder Filmemacher. Künstler zu sein, ist eine Haltung, ein Selbstverständnis und ein Anspruch an uns selbst.

Künstler zu sein, bedeutet, dass wir aus der Fülle unseres Wissens und unserer Kreativität schöpfen und es in neue, nützliche Anwendungen übersetzen.

Egal ob als Fotograf, Einkaufsleiter, PR-Manager oder Verkäufer.

Na klar, natürlich ist nicht jeder immerzu Künstler in seinem Beruf. Wir brauchen auch Phasen, in denen wir einfach nur Dinge abarbeiten. Worum es geht, ist die Gewichtung zwischen kreativem Tun und systematischem Abarbeiten. Sobald Letzteres die dominante Rolle einnimmt und daneben kein Platz mehr ist für unsere Fantasie, unsere ungewöhnlichen Ideen, für spielerisches Experimentieren und mutige Versuche, dann werden wir zu Rädchen in der Maschinerie, die funktionieren und ausführen. Wir negieren nicht nur das, was in uns steckt, sondern werden auch immer austauschbarer.

Wie war IHR Tag heute?
Gab es ein paar Augenblicke der Kunst?
Oder war es eher ein »Malen nach Zahlen«?

Es sind die künstlerischen Momente in unseren Tagen, die den Unterschied machen.

FORSCHERZEIT AN DER GRUNDSCHULE

Eine Frage, sechs Monate. In der Grundschule Forsmann-straße in Hamburg gibt es nicht nur regulären Frontal-unterricht und Ferien. Die Schule geht auch über den vielerorts bereits praktizierten modernen Lehrstil mit Portfolio-Unterricht und Projektwochen hinaus. Jeder Schüler bekommt von der ersten bis zur vierten Klasse jede Woche zwei Schulstunden Zeit für: Entdeckungen!

Aber nicht die inszenierte Freiheit fortschrittlicher Re-gelschulen, wo den Schülern bei aller Selbstinitiative noch immer das Lernziel vorgegeben wird. In der Hamburger Schule stellen sich die Schüler die Forschungsfragen selbst – und gehen den Antworten dann ein halbes Jahr lang nach. Sie recherchieren, denken nach, erforschen, hin-terfragen, skizzieren, arbeiten aus.

Ein halbes Jahr für eine Frage!

Nun glauben Sie eventuell zu wissen, womit sich die Fragen, die die Schüler interessieren, beschäftigen: Pferde, Fußball, Computerspiele und so weiter ... Ha! Weit gefehlt! Die Kids suchen sich hoch spannende Themen aus, die nicht nur sie, sondern die ganze Menschheit interessieren, und in denen die ganze Fülle der Welt steckt: Wie alt ist das Weltall? Wieso ist Glas durchsichtig, obwohl es aus Sand ist? Warum nerven Mütter? Welcher war der erste Name? Gibt es Gott?

An solchen Fragen lässt es sich tatsächlich sechs Mo-nate mit Freude herumforschen. Aber es gab noch eine zweite Überraschung für die Lehrer. Die Angst, dass die »schwächeren« Schüler, also die mit den schlechteren

Noten, mit dieser offenen Aufgabe nicht umgehen können und die ihnen zur Verfügung gestellte Zeit verschwenden, stellte sich als unbegründet heraus.

Nicht die »schwachen« Schüler hatten Probleme mit dem selbstständigen Arbeiten, sondern die Musterschüler! Die verstehen es zwar wunderbar, zu erraten, was der Lehrer hören will. Aber selbst denken, eigene Fragen stellen und verfolgen, da kommen sie an ihre Grenzen. *Interessant!*

1) Probleme selber finden und selber lösen.
2) Coole Fragen finden und auf eigene Weise beantworten.
3) Methoden erlernen und einüben, um in der Welt zurechtzukommen.
4) Kreativität und Selbstinitiative ausbilden.

Wir finden: Darum sollte es in den Schulen primär gehen. Das Einzige, was Schüler dafür brauchen: RAUM. Und die Lehrer werden vom Exerziermeister zum Coach, die den Schülern das Lernen, Forschen, Experimentieren und Entdecken beibringen, nicht die Inhalte eintrichtern. Denn die wirklich spannenden Dinge, das, was sie interessiert, das, was sie für ihr individuelles Leben brauchen, das, wofür sie brennen, finden die Schüler schon selbst! *»Wer war der erste Bundeskanzler der Bundesrepublik?«* Soll das eine interessante Frage sein? Die Antwort hat jeder Siebenjährige mit zwei Klicks aus Wikipedia. Interessant sind Fragen, zu denen Wikipedia keine einfachen Antworten gibt, zu denen man sich das Wissen, das Können, die Erkenntnis selbst erarbeiten muss. Fragen wie: *»Was soll ich als nächstes machen?«*

John Taylor Gatto, der mehrmals in New York als »Teacher of the Year« ausgezeichnet wurde, sagt es so: Die Schulen »halten Kinder in kargen Räumen gefangen, die den Sinnen keine Reize bieten. Sie teilen Kinder aufgrund willkürlicher Kriterien wie Alter oder Prüfungsnoten in unflexible Kategorien ein. Sie lehren Kinder, auf den Klang einer Glocke ihre augenblickliche Beschäftigung fallen zu lassen und sich von einem Raum in den anderen zu begeben. Sie verbieten Kindern, ihre eigenen Entdeckungen zu machen, und versuchen stattdessen, ihnen vermeintliche Lebensgeheimnisse einzuimpfen.«

So ist es leider größtenteils. Aber das ändert sich gerade gewaltig! Wir halten die Idee der Hamburger Grundschule Forsmannstraße für wegweisend. Wir plädieren gemeinsam mit vielen Gleichgesinnten für ein Schulsystem, das zu Ideenreichtum und Eigenverantwortlichkeit ausbildet, das gute Fragen höher bewertet als Antworten, das Kreativität höher bewertet als auswendig gelerntes Faktenwissen, das Individualität höher bewertet als Uniformität, das Lehrer achtet, gut bezahlt und mit der notwendigen Autonomie ausstattet, so dass sie ihre Arbeit mit Kreativität und Engagement machen können! Und das gilt übrigens nicht nur für die Schulen, sondern genauso für unsere Unternehmen.

Was wir mehr denn je brauchen, sind nicht Büroinsassen und Ja-Sager, die routinemäßig ihre Checklisten abarbeiten. Sondern Menschen, die Probleme sehen, Lösungen suchen, Ideen kreieren und proaktiv handeln.

Solange man das in der Schule nicht lernen kann – und das ist bis auf Ausnahmen noch immer die bittere Wahrheit –, müssen Unternehmen dafür sorgen, dass ihre Mitarbeiter diese verschütteten Eigenschaften langsam wieder ausgraben können: Jeder Chef kann eine Kultur der Eigeninitiative in seinem Bereich schaffen. Indem er seinen Leuten den Raum dafür gibt.

VOM MYTHOS DER
HARTEN ARBEIT UND DEM WERT
DER WENIGEN MINUTEN

»Seit Monaten bekomme ich kaum Erholung.«
»Ich arbeite sogar am Wochenende.«
»Morgens bin ich der Erste, der ins Büro kommt, und
abends der Letzte, der das Licht ausmacht.«

Solche Klagelieder hören wir immer wieder – in Unternehmen, auf Firmenveranstaltungen, auf der Straße, in unserem Bekanntenkreis. Als gäbe es in unserer Gesellschaft das ungeschriebene Gesetz: Nur wer sich für seinen Job aufreibt, arbeitet HART genug. Nur wer VIEL arbeitet, arbeitet gut genug. Nur wer regelmäßig ÜBER seine Belastungsgrenze hinausgeht, ist engagiert, loyal – und wertvoll genug.

Die Frage ist nur: Wie wird eine Leistung genug? Durch lange Arbeit? Durch permanente Überlastung? Oder anders ausgedrückt:

`Muss man heute ein Workaholic sein,`
`um für sein Unternehmen einen echten`
`Wert zu schaffen?`

Vor einhundert Jahren musste man dafür auf jeden Fall hart arbeiten. Und mit hart meinen wir wirklich HART. Und LANGE. Und körperlich belastende Tätigkeiten. Als der Großteil der Menschen noch in der Landwirtschaft und in Fabriken schuftete, ließ sich das Arbeitsergebnis eines Tages anhand einfachster quantitativer Parameter messen: an der Anzahl der gebundenen Heuballen oder der zusammengeschraubten Radiogeräte. Je länger ein Arbeiter am Fließband stand, desto mehr Geräte stellte er fertig. Je schneller er arbeiten konnte, desto schneller konnte man das Fließband einstellen. Und je mehr Einheiten er fertigstellte, desto mehr Wert schuf er für das Unternehmen. Das Arbeitsergebnis stand also in direktem Verhältnis zur aufgewendeten Arbeitszeit und zur Arbeitsgeschwindigkeit. Lange, körperlich anstrengende Arbeit, das ist hart.

Von morgens ganz früh bis abends ganz spät das ergonomische Sitzkissen im klimatisierten Büro zu wärmen, kann anstrengend sein – keine Frage. Aber die typische Büroarbeit heute unterscheidet sich prinzipiell von echter harter Arbeit: Der Output wird durch lange Anwesenheit nicht automatisch wertvoller.

Denn die Wertschöpfung eines Arbeitstages wächst heute nicht mehr mit Bandlaufgeschwindigkeiten, Stückzahlen und Arbeitsstunden, sondern mit dem erbrachten Nutzen, der Präzision, den innovativen und kreativen Lösungen, den wertschöpfenden Angeboten, die einen echten Unterschied machen. Was früher den Chefs vorbehalten war, ist heute für jeden Mitarbeiter ein Muss:

Mitdenken.

Weiterdenken.

Neue Dinge anstoßen, die wirklich bemerkenswert sind.

Schwierige Diskussionen führen, um außergewöhnliche Projekte voranzutreiben.

Sich für eine neue, risikobehaftete, aber Erfolg versprechende Alternative einsetzen, auch wenn der tradierte Weg gut funktioniert hat.

Die Grenzen des Machbaren ein Stück weit verschieben.

Das ist in Wahrheit HARTE Arbeit. *Und die einzig wertvolle Arbeit!* Außerdem ist sie völlig unabhängig vom Faktor Zeit. Denn der herausragende Wert steckt oft nur in wenigen Minuten pro Tag.

WIE RELEVANT SIND SIE HEUTE?

Foxconn ist von höchster Relevanz. Das Unternehmen liefert nicht nur den größten Export-Batzen für die chinesische Leistungsbilanz, sondern ist für uns alle von Bedeutung: Als einer der weltweit größten Lohnfertiger stellt Foxconn Produkte für Unternehmen wie Apple, HP, Dell, Nintendo, Microsoft oder Sony her.

Aber wie relevant ist ein Angestellter von Foxconn?

Das Unternehmen hat bereits einen ziemlich ramponierten Ruf. Zwar sind die Löhne für chinesische Verhältnisse hoch, aber im Weltmarktvergleich noch immer niedrig. Hauptkritikpunkt sind aber die Arbeitsbedingungen, die zum Teil als unmenschlich gelten.

Was uns klar sein muss: Die ungefähr eine Million Arbeiter von Foxconn verrichten Tätigkeiten, die von Unternehmen in den westlichen Industrieländern outgesourct wurden, gerade WEIL sie in China weniger kosten. Aber nun steht der nächste Schritt in diesem Prozess an – und der hat uns echt umgehauen: Foxconn plant, eine Million (!) neuer Roboter in den nächsten drei Jahren zu kaufen, um Arbeiten zu verrichten, die vorher von Menschen ausgeführt wurden.

Die schiere Wucht dieses Vorgangs finden wir furchteinflößend. Man muss kein Prophet sein, um das weiterzudenken und sich vorzustellen, wie China die bereits von uns durchlebten Phasen der Industrialisierung im Zeitraffer durchpflügt: Von der Massenausbeutung bis zur Massenarbeitslosigkeit könnte es nur wenige Jahre dauern. Nur geht es dann nicht um Millionen, sondern um Milliarden Menschen in Ostasien!

JEDER Angestellte muss sich heutzutage fragen: Was kann ich anbieten, das einen Unterschied macht?

Ganz konkret, was kann ich anbieten, das:

1) nur schwer outzusourcen ist,
2) nur schwer zu automatisieren ist und
3) ein Bedürfnis jenseits aller Funktionalität bedient.

Die Frage ist: Wann ist Ihre Arbeit so beschaffen, dass Sie dreimal innerlich nicken können? Das sicherste Rezept beschreibt unser amerikanischer Autorenkollege Dan Pink sehr treffend als »High-Concept« plus »High-Touch«.

HIGH-CONCEPT meint die Fähigkeit, Muster und Chancen zu erkennen, etwas zu schaffen, das über die reine Funktionalität hinausgeht, und scheinbar zusammenhanglose Ideen zu etwas Neuem zu kombinieren.

HIGH-TOUCH beschreibt die Fähigkeit, sich in andere einzufühlen, die Feinheiten menschlicher Interaktionen zu verstehen, Freude in sich selbst zu finden und in anderen zu wecken und auf der Suche nach Sinn und Zweck über das Alltägliche hinauszugehen. Wie zum Beispiel ein Beratungsgespräch, das die individuellen Vorlieben und Wünsche des Kunden so integriert, dass dieser hinterher ein Stückchen glücklicher ist als zuvor.

Diese Fähigkeiten zu kultivieren und bei der Arbeit einzusetzen macht Sie hoch relevant! Das Gute daran ist außerdem, dass wir diese Fähigkeiten bereits in uns tragen. Menschen sind von Natur aus kreativ, spüren neue Ideen auf, engagieren sich für Projekte, die ihnen am Herzen liegen. Sie haben die Fähigkeit, Muster zu erkennen und scheinbar zusammenhanglose Punkte zu verbinden. Sie sind von Geburt an mit Einfühlungsgabe ausgestattet, sind fähig dazu, andere zu begeistern und mit ihren Ideen anzustecken. Nur tun sie das leider allzu oft ausschließlich außerhalb ihrer Arbeitszeit. Was sie dann allerdings während der Arbeitszeit ersetzbar macht!

Wir alle haben die Wahl.

Es ist Ihre Entscheidung, eine Antwort auf die Frage zu finden: Was können Sie anbieten, das einen Unterschied macht und nicht durch Computer, Roboter oder noch billigere Hände zu ersetzen ist?

ERLERNTE HILFLOSIGKEIT

»Ja, volle Übereinstimmung! Sie haben mir
aus dem Herzen gesprochen!«

Der Vertriebsleiter des großen Konzerns, der uns für einen Vortrag engagiert hatte, war aufgewühlt:»Wir verschenken so viel Potenzial, weil wir uns nicht trauen, die ausgetrampelten Pfade zu verlassen! Das müssen wir ändern!« (Kurzes nachdenkliches Innehalten). Und dann ... ja, dann kam das, was wir häufig, allzu häufig hören. Und zwar quer durch alle Branchen.

»Das ist doch Wahnsinn. Die neuen Wettbewerber sind viel agiler und unkonventioneller als wir ... Die probieren einfach mal Dinge aus. Nur, Sie wissen ja, wie das bei uns ist. Wir sind eben ein Konzern. Wir sind börsennotiert. Ich sage nur: Corporate Compliance.«

(Genervtes Augenrollen.)

»Da bleibt kein Freiraum. Wie eine Zwangsjacke. Regeln. Vorschriften. Ich würde wahnsinnig gerne so vieles ändern.«

(Resigniertes Schulterzucken, hilfloses Augenbrauenheben.)

»Aber es geht nicht.«

Okay, wir können diesen Vertriebsleiter und auch all die anderen, die uns Ähnliches berichtet haben, sehr gut verstehen. Denn es stimmt ja: Da gibt es 735 568 Richtlinien, die peinlich genau einzuhalten sind. Und das gilt nicht nur für Großkonzerne. Genehmigungsprozeduren. Monatsberichte. Prüfverfahren. Messgrößen. Entscheidungsfindungsprozesse. Jours Fixes. Und so weiter. Lauter fest verankerte Routinen, Regeln und Vorschriften. Ja, die existieren wirklich. Das ist so.

Aber heißt das wirklich, dass Sie nichts ändern können? Stimmt es wirklich, dass Sie all diese Dinge tun MÜSSEN? Oder SOLLEN Sie sie nur tun? Und genau das ist der entscheidende Punkt:

```
Müssen oder sollen, das ist ein
himmelweiter Unterschied!
```

Wir glauben felsenfest, dass Sie beides haben: einerseits branchenweite Naturgesetze und unternehmensrelevante Gesetzestafeln, die Moses vom Berg Sinai mit heruntergebracht hat. Daran würden wir Ihnen nicht raten zu rütteln!

Andererseits gibt es aber auch jede Menge Vorschriften, die bei genauerem Hinsehen nichts weiter als selbstgemachte Hausregeln sind. Und die sind per Definition änderbar. Sie fühlen sich zwar an wie MUSS-Regeln, sind aber nur SOLL-Regeln.

Wenn Sie diese als Gesetze getarnten Hausregeln nicht ab und zu infrage stellen, leiden Sie unter der vom Psychologen Martin Seligman so genannten »Erlernten Hilflosigkeit« – man hat Ihnen mal gesagt: *Das ist so!* Also haben Sie das übernommen und damit sich selbst eingeschränkt. Allerdings ist das nach einiger Zeit ja auch eine bequeme Ausflucht, die Sie davon entbindet, die so heftig kritisierten Zustände zu ändern, weil es scheinbar »nicht geht«.

Aber natürlich geht es!

Weil es einfach nur zum Heulen ist, wie viel Potenzial in all den bürokratisch erstarrten Organisationen verschenkt wird! Weil genau das früher oder später vom Markt bestraft wird!

Und wer sich damit nicht abfinden will, der kann etwas tun. Ganz einfach!

1) Erstellen Sie eine Liste, in die Sie sämtliche Regeln, Prozeduren, Berichte, Verfahren, Größen und Prozesse eintragen, denen Sie in Ihren Arbeitsalltag glauben folgen zu müssen.

2) Hinterfragen Sie jeden Punkt auf der Liste: Nehmen Sie zwei verschiedenfarbige Textmarker und streichen Sie alle MUSS-Gesetze in der ersten Farbe und alle SOLL-Hausregeln in der zweiten Farbe an.

Wir würden wetten, dass die zweite Farbe häufiger vorkommt!

So, und dann brauchen Sie nur noch den Mut, sich eine erste Hausregel vorzunehmen, sie zu ändern und stattdessen etwas anders zu machen – um sich den Gegenbeweis zu erbringen, einen Quick Win: Dass es eben doch geht!

Jetzt!

WENN MITARBEITER ZU KÜNSTLERN WERDEN

Wer einmal bei einer der Shows war, weiß: Der Cirque du Soleil bringt Unglaubliches auf die Bühne. Meisterliche Akrobatik, perfektes Timing, virtuose Dramaturgie, feine Musik, traumhafte Kostüme. Ein Gesamtkunstwerk. Das kommt alles nicht von ungefähr, schon gar nicht bei einer Mannschaft von weltweit 3800 Angestellten. Das Interessante für uns: Dass die Shows einzigartig sind, liegt daran, dass die Mitarbeiter einzigartig sind. Und zwar ALLE, vom Artisten bis zur Näherin.

Zwei Einstellungen haben uns besonders beeindruckt. Erstens: »Wir stellen Top-Athleten ein und machen aus ihnen außergewöhnliche Künstler.« *Genial!*

Wir finden, das sollte jedes Unternehmen tun. Nicht nur die Besten intensiv suchen und auswählen, sondern auch die außergewöhnlichen Talente dieser Besten entdecken und sie dann in der Entwicklung dieser Talente unterstützen. Oh doch! Das funktioniert in JEDER Branche. Denn Künstler sind nicht nur Menschen, die von Berufs wegen mit Pinsel und Leinwand agieren. Seth Godin sagt: »Kunst ist ein überraschendes persönliches Geschenk, das Menschen verändert.« Ein Geschenk, das Menschen VERÄNDERT. Es geht also um die Wirkung.

Ein Friseur beispielsweise, der seiner Kundin exzellent die Haare schneidet, ist ein guter Handwerker. Wenn aber die Kundin nicht nur mit einer neuen Frisur, sondern mit dem Gefühl aus dem Laden geht: Ich bin schön, attraktiv, sexy – dann ist der Friseur, der das bewirkt hat, ein Künstler. Denn er hat der Kundin ein unerwartetes, wertvolles, persönliches Geschenk gemacht, das sie anders aus dem Laden herausgehen ließ, als sie hereingekommen war.

Zweiter Punkt:»Wir fordern extrem viel, aber wir bieten auch die beste Unterstützung und ein Umfeld vom Allerfeinsten.«

Unsere feste Überzeugung: Nur wer seine Ziele hoch genug steckt, wird über das Mittelmaß hinausragen.

Unternehmen müssen ihre Mitarbeiter fordern! Damit diese – bildlich gesprochen – auf den Zehenspitzen stehen, um die Ziele zu erreichen. Das ist die eine Seite: hohe Ziele. Sie zu erreichen, kann aber nur gelingen, wenn die Mitarbeiter das Gefühl haben, dass alles möglich ist.

Wie oft erleben wir Unternehmen, die ihren Mitarbeitern Innovationen abverlangen, ihnen aber nur angetrocknete Farben, einen alten Pinsel und eine eingerissene Leinwand zur Verfügung stellen. Wenn die Mitarbeiter da nicht mitziehen, dann zu Recht.

Beim Cirque du Soleil bekommen sie die besten Trainer, die besten Materialien, das beste Essen, die beste Betreuung rundherum – und damit das Gefühl, dass alles möglich ist. Dass ihre Talente hundertprozentig unterstützt werden.

Wir sind davon überzeugt, dass Sie diese beiden Gedanken unbedingt einmal auf Ihr Unternehmen projizieren sollten. Was käme dabei heraus?

SHARED SPACE
Lasst Menschen wieder selbst denken!

Hans Monderman war Verkehrsplaner. Und ein mutiger Mensch. Man könnte fast sagen: ein Radikaler. Wenn er in ein Dorf oder eine Stadt eingeladen wurde, dann wurde erstmal alles abgeschafft, was vorher über Jahrzehnte aufgestellt worden war, um den Verkehr zu regeln: Stoppschilder, Ampeln, Vorfahrtshinweise. Zack! Weg damit! Schön mit der Axt durch den Schilderwald des Stadtverkehrs holzen. Kahlschlag.

Die Einwohner waren dann erstmal ratlos: *Wie soll das jetzt gehen? Ist das nicht gefährlich?* Nein, ist es nicht! Ein von der Europäischen Union durchgeführter Modellversuch in sieben europäischen Gemeinden hat gezeigt, dass zu viele Regeln und Regulierungsmaßnahmen die Menschen überhaupt erst dazu bringen, sich dumm zu verhalten. Weil sie durch all die Vorschriften verlernen, selbst zu denken.

Das kennt man doch: Eben hat man noch im Handschuhfach gekramt, ach, jetzt ist die Ampel grün, schön Gas geben und – *heilix Blechle!* Wo kam denn der Radfahrer her? Schafft man aber die Ampel ab, dann werden die Menschen plötzlich wieder wach und aufmerksam. Sie verständigen sich per Augenkontakt. Und plötzlich genügen drei Regeln: Tempo 30, rechts vor links – und: Aufpassen!

Das System ist so selbstregulierend wie der Menschenstrom auf einer Schlittschuhbahn: Die Schnellen achten auf die Langsamen, man lässt sich Raum, gibt auch mal nach. Das Konzept heißt Shared Space – das bedeutet: gemeinsam genutzter Raum. Es erfordert Rücksichtnahme und Verantwortung. Von allen, für alle. Und der Effekt? Der Verkehr fließt flüssiger und Unfälle tendieren gegen null. Nachweislich!

In Unternehmen ist es exakt das Gleiche!
Wenn dort die Regeln auf ein notwendiges Minimum reduziert werden (Tschüss, Anweisungshandbuch!), muss jeder Mitarbeiter wieder mehr mitdenken: Entscheidungen abgestimmt treffen. Sich mit den Kollegen absprechen. Auf dem Laufenden bleiben. WACH SEIN. ABER: Ganz ohne Regeln geht es weder auf den Straßen noch in einer Organisation. Die Buchhaltung eines Unternehmens zum Beispiel wäre ohne Standards nicht zu führen. Projekte brauchen Strukturen. Marken brauchen Stringenz. Aber REDUZIERTE Vorschriften genügen beinahe immer und überall.

Aus Regelbefolgern werden dann Kollegen, die sich ihrer Verantwortung für das Unternehmen bewusst sind. Die vielleicht, na klar, auch anfangs ein paar Fehler machen, weil sie unsicher sind. Weil sie sich an den neuen Handlungsspielraum erst gewöhnen müssen.

»Darf ich das überhaupt?«
»Wer sagt mir jetzt, wie das geht?«
»Soll ich einfach mal?«

Aber langfristig beginnen alle, sehr viel eigenständiger und eigenverantwortlicher zusammenzuarbeiten.

All denjenigen Chefs, die jetzt innerlich eine Vollbremsung hinlegen, sei gesagt: Shared Space funktioniert!

Die meisten Menschen können sehr
wohl für sich herausfinden, was in
einer bestimmten Situation das beste
Verhalten ist.

Und sie werden Mittel und Wege finden, wie sie ihr Handeln auf das ihres Umfelds abstimmen können.

Schaffen Sie nicht vor lauter Euphorie gleich blind alle Regeln ab – einige übergeordnete Regeln braucht es immer. Aber noch heute eine überflüssige Regel zu finden und direkt abzuschaffen, das ist definitiv drin! Und danach spießen Sie die nächste auf. Und die nächste.

Der LOHN: kreativere, umsichtigere und effektivere Mitarbeiter und bessere Ergebnisse.

Der PREIS: Machtverlust.

Die HERAUSFORDERUNG: für Akzeptanz werben, die Übergangszeit aushalten.

Man muss kein radikaler Denker sein wie Hans Monderman, um die Welt ein klein wenig zu verbessern. Aber schon ein bisschen mutig.

JAIME LERNER
Architekt des Wandels

Wer kennt Curitiba?
Wenn hierzulande einer weiß, was das ist, dann vermutlich wegen Jaime Lerner ... Aber der Reihe nach: Curitiba ist eine Stadt. Immerhin eine Millionenstadt, ungefähr von der Einwohnerzahl Hamburgs. Sie liegt im brasilianischen Hinterland und war eine dieser typischen Problemstädte, von denen es in den Schwellenländern viel zu viele gibt: Kriminalität, schlechte Infrastruktur, Verkehrschaos, Umweltzerstörung.

Heute ist Curitiba eine ökologische Muster-Metropole und dafür weltweit ein leuchtendes Beispiel. Die Stadt wurde in den letzten Jahrzehnten völlig umgekrempelt. Treibende Kraft dabei war der Bürgermeister: eben jener Jaime Lerner. Er ist von Haus aus Architekt – und ein Bulle von Mann. Einer, der sich durchsetzt und der anpackt.

»Wenn du etwas verändern willst,
musst du anfangen!«

Das ist sein Motto. Und von ihm können wir lernen, wie man ein unglaublich komplexes Riesenprojekt zügig zum Erfolg führt.

Da es bei uns in Politik, Wirtschaft und Gesellschaft andauernd um komplexe Riesenprojekte geht und wir ständig das Gegenteil von Durchsetzungskraft und Anpacken erleben, ist es herzhaft erfrischend, sich genauer anzuschauen, wie Lerner es geschafft hat, seine Stadt in den Griff zu bekommen. Sein Vorgehen ist durch vier Prinzipien charakterisiert.

ERSTENS: DAS PRINZIP DER GROSSEN, INSPIRIERENDEN IDEE

Lerner dazu:»Du brauchst den Masterplan. Der ist nicht verhandelbar. Und daneben brauchst du noch ein paar Geschenke ...« Sehr clever! Sein Masterplan war: Curitiba soll so schnell wie möglich eine lebenswerte Stadt werden. Um eine Stadt lebenswert zu machen, muss man drei Dinge anpacken: Mobilität, Nachhaltigkeit und soziale Vielfalt. Diese drei Punkte sind gesetzt. Alles andere folgt daraus. Und schon hatte Lerners Plan drei Kapitel und damit eine erste Struktur.

ZWEITENS: DAS PRINZIP DER VERBINDUNG DES GROSSEN ZIELS MIT DEN ZIELEN JEDES EINZELNEN

Und das ist nicht theoretisch oder abstrakt gemeint, sondern ganz konkret und greifbar:»Wir haben zum Beispiel einen Deal mit den Fischern gemacht«, erinnert er sich. »Wenn sie Fisch fangen – bestens, der gehört ihnen. Wenn sie aber Müll aus den Gewässern fischen, also Flaschen, Glasscherben, Dosen und so weiter, dann kaufen wir ihn ihnen ab. Je mehr Müll sie fischen, desto mehr Geld bekommen sie von uns und desto sauberer wird das Gewässer. Aber je sauberer das Gewässer wird, desto mehr Fisch werden sie fangen können. Eine Win-win-Situation!«

DRITTENS: DAS PRINZIP DER HOHEN GESCHWINDIGKEIT

Nur wenn die Verantwortlichen von Anfang an ein wahnwitziges Tempo vorgeben, kann die Bürokratie in großen Projekten in Schach gehalten werden. Die lähmende, alles wie Mehltau überziehende Verwaltung, die Bedenkenträger und notorischen Neinsager werden einfach an den Rand gedrängt, indem man ein Tempo anschlägt, das die Bremser völlig überfordert. Curitiba baute ein Opernhaus in zwei Monaten, den Botanischen Garten in drei Monaten. Die Fußgängerzone in der Innenstadt wurde in 72 Stunden gebaut. Wer etwas ändern will, muss Tatsachen schaffen.

VIERTENS: DAS PRINZIP DER UNORTHODOXEN LÖSUNGEN

Geldmangel macht kreativ: Anstatt nach dem Vorbild vieler anderer Städte große Überschwemmungsflächen mit viel Geld einzudeichen und bebaubar zu machen, machte Lerner Parks daraus. Das Problem: Parks müssen gepflegt werden, die Stadt hatte aber kein Geld, um Traktoren anzuschaffen, mit denen die großen Rasenflächen gemäht werden könnten. Die Lösung: Schafe. Eine große Herde Schafe hält das Gras kurz – und der Erlös aus dem Verkauf der Wolle wird für die Finanzierung von Programmen für Kinder verwendet.

Wer wirklich etwas verändern will,
der findet schon Wege.

Er muss nur wissen, was genau er will, er muss die anderen einen Vorteil darin sehen lassen, er muss schnell sein und kreativ werden. Dann sieht man plötzlich die Chance, wo man vorher nur Schwierigkeiten gesehen hat. So wie Jaime Lerner: »Städte sind kein Problem, sie sind die Lösung.«

DIE MACHT DES BEWEGGRUNDS

In einem Experiment der Wharton School in Pennsylvania wurden die Mitarbeiter eines Call-Centers beauftragt, Spenden für Stipendien zu sammeln. Managementprofessor Adam Grant, der Initiator des Projekts, teilte dazu die Probanden in drei Gruppen ein.

Die »Was-bringt-es-MIR-Gruppe« bekam die Berichte von Mitarbeitern zu lesen, die vor ihnen den Job gemacht hatten. Darin lasen die künftigen Spendensammler, was die Arbeit so an persönlichen Vorteilen wie Verdienstmöglichkeiten etc. bringt. Eben der persönliche Nutzen, von dem jahrzehntelang geglaubt wurde, dass er der größte Motivator sei.

Die »WOFÜR-ist-es-gut-Gruppe« bekam Berichte von Studenten zu lesen, die durch die eingesammelten Spendengelder unterstützt wurden, und erfuhren, welchen Einfluss ihr stipendienfinanziertes Studium auf ihren Lebensweg hatte und was dadurch aus ihnen geworden war.

Die dritte Gruppe, die Kontrollgruppe, bekam keine Vorabinformationen zu lesen.

Das Ergebnis? Welche Gruppe hat am meisten Geld gesammelt? Na klar, heute sind wir nicht mehr so naiv zu glauben, die Menschen seien von Natur aus Egoisten, die nur danach streben, ihren persönlichen Nutzen zu maximieren, koste es, was es wolle. Auf diesem Glauben basierte zwar die komplette Wirtschaft des letzten Jahrhunderts, aber heute sind wir glücklicherweise weiter und vermuten deshalb, dass die zweite Gruppe die besten Ergebnisse erzielt hat.

Korrekt?

Ja, korrekt. Aber: Zwei Fakten haben uns schwer überrascht. Erstens: Die »Was-bringt-es-MIR-Gruppe« hat nicht einen e-i-n-z-i-g-e-n Cent mehr gesammelt als die Kontrollgruppe. Mit anderen Worten: Die Beschäftigung mit dem persönlichen Nutzen, den Mitarbeiter aus ihrer Arbeit ziehen sollen, hat NULL Einfluss auf die Ergebnisse.

Liebe Führungskräfte, lesen Sie das bitte nochmal!

Zweitens: Die »WOFÜR-ist-es-gut-Gruppe« hat mehr als DOPPELT so viel Geld eingesammelt als die beiden anderen. 143 Prozent mehr! Diese Gruppe hatte sich damit beschäftigt, welchen Sinn ihre Arbeit für ANDERE hat.

Wir sind begeistert! Das ist nichts anderes als der empirische Beleg für die Kernthese unseres Buches »Spuren statt Staub«:

Sinn ist in der Wirtschaft von entscheidender Bedeutung.

Das heißt für Sie: Setzen Sie sich mit dem auseinander, was Sie tun! Helfen Sie anderen, den Sinn ihrer Arbeit zu erkennen!

Der Unterschied zwischen Durchschnitt und Exzellenz liegt darin, dass es für jede wirklich herausragende Leistung einen echten Beweggrund gibt!

Mit ihren inspirierenden Vorträgen haben sie bereits ein Publikum in über 20 Ländern erreicht.

Die Vorträge von Anja Förster und Peter Kreuz reißen Denkmauern ein und öffnen den Horizont für eine NEUE ART zu leben und zu arbeiten.

„Jeder ist mit neuen Ideen nach Hause gegangen und hat die Motivation ‚to act' gespürt"

IBM

„Belebend, erfrischend, motivierend"

Harvard Business Manager

„Die Vortrags-Gurus"

DER SPIEGEL

www.foerster-kreuz.com